超譯

마르크스의 말

자본론

CHOYAKU SHIHONRON OKANE WO SHIREBA JINSEI GA KAWARU
© 2019 Hur Sung Joon
Korean translation rights arranged wuth Saizusha Corporation
through Japan UNI Agency, Inc., Tokyo and Botong Agency, Gyeonggi-do

超譯

마르크스의 말

자본론

허성준 지음 | 김지낭 옮김

samho MEDIA

자본이 폭주하는 시대, 자본주의의 해부서를 만나다

『자본론』은 노동자계급의 성서라 불린 책입니다. 이에 '나는 노동자가 아니니까 상관없는 얘기 아닌가.'라는 생각이 들 수도 있겠습니다. '노동자'라고 하면 언뜻 작업복 차림의 사람들이 삽을 들고 흙을 푸며 건축 자재를 옮기는 장면이 직관적으로 떠오르겠지만, 여기서 말하는 노동자란 자본가에게 고용되어 일하는 사람의 총칭입니다. 회사에 고용되어 동분서주하는 영업사원도 노동자고, 창구에서 고객을 응대하는 은행원도 노동자입니다. 자기 소유의 사업체 없이 회사를 위해 일한 대가로 월급을 받는 사람은 모두 노동자입니다.

『자본론』에서 말하는 '노동자'란 '자본가'의 반대 개념을 나타내는 용어입니다. 흔히『자본론』이라는 제목으로 알려졌지만, 원제목은『Das Kapital, Kritik der politischen Ökonomie』, 즉『자본, 정치경제학 비판』입니다. 이 책은 자본 그 자체를 다룬 책입니다.『자본론』은 '자본의 정의'에서 출발해 '자본은 어떻게 움직이는가', '자본가가 어떻게 자본을 활용하는가', '왜 부자는 점점 부유해지고 가난한 사람은 점점 가난해지는가'와 같은 의문을 파헤치며 자본주의의 구조를 분석합니다. 그야말로 현대 자본주의 체제의 해부서인 셈이죠. 요즘 식으로 바꾸어 말하면 '비즈니스인의 바이블'이라고도 하겠습니다.

많은 이들이『자본론』을 공산주의나 사회주의를 다룬 책이라 생각하는데 그것은 오해입니다. 마르크스가『자본론』을 구상할 무렵에는 지금의 공산주의, 사회주의 개념은 명확히 존재하지 않았습니다. 당시는 자본주의밖에 없던 시대였습니다. 공산주의 등은『자본론』이 나온 뒤 자본주의의 대안으로서 만들어진 체제입니다.

저자인 카를 마르크스(Karl Marx)가 살았던 시대는 산업혁명 직후입니다. 그는 산업혁명의 메카로 불린 영국에서 활동했습니다. 산업혁명과 함께 기계문명이 발달하고 생산성이 비약적으로 향상되어 거대한 부가 만들어졌지만, 풍요로워진 것은 일부 자본가들뿐이었습니다. 보통 사람들은 자본가에게 고용된 가난한 노동자로서 희망 없는 인생을 살 수밖에 없었습니다.

당시는 사회복지나 최저임금이라는 개념이 없던 시절입니다. 마르크스는 자본주의가 발달할수록 가난한 이들이 점점 가난해지는 현상을 목격했습니다. 바로 자본주의 시스템이 장기간 가동했을 때 발생하는 문제입니다. 중산층이 대부분이던 일본도 빈부 격차가 점점 벌어지고 있습니다. 나중에 해설하겠지만 이 같은 변화는 불가역적입니다.

마르크스는 기존 경제학 이론이 자본주의의 문제를 설명하지 못한다고 봤습니다. 그는 자본주의의 구조를 과학적으로 분석하고 다양한 사회구성원, 특히 노동자계급의 입장에서 문제의 원인을 규명하고자 했습니다. 그렇게 해서 집필된 책이 1867년 출판된『자본론』제1권입니다. 제1권에서는 자본의 본질을 파헤치고 자본주의 체제를 분석합니다. 이 책이 유일하게 마르크스의 손으로 완성한『자본론』입니다.

마르크스의 사후, 그의 친구였던 사상가 프리드리히 엥겔스(Friedrich Engels)는 마르크스가 남긴 미완성 원고를 편집해 제2권과 제3권을 출판했습니다. 제2권에서는 자본의 유통, 제3권에서는 자본주의적 생산양식을 분석합니다.

제2권과 제3권의 기초가 된 유고는 미완성이었기에 마르크스가 직접 완성한 제1권과 비교해 주제를 벗어나는 등 구성이 탄탄하지 않습니다. 흐름에 일관성이 없다는 점은 엥겔스 본인도 인정했습니다. 그래서『자본론』을 읽을 때는 제1권의 요점을 파악하고 제2권과 제3권에서 필요한 부분을 간추려 살펴보면 좋습니다. 이 책에서도 채용한 방법입니다.

마르크스와 엥겔스의 노력으로 세상에 나온『자본론』은 자본주의 경제의 문제점을 날카롭게 짚어낸 내용으로 공산주의와 사회주의 이론의 기틀이 된 한편, 자본주의 경제를 강력히 밀어붙인 지도자들에게 깊은 반성을 촉구했습니다. 선진국은 노동자에게 양보하는 자세를 보이며 자본주의의 최대 약점인 공황에 대한 대책을 서둘러 마련했습니다.

시간이 흘러 공산주의, 사회주의가 쇠퇴하면서『자본론』과 마르크스도 함께 잊힌 듯했습니다. 그러나 자본주의의 폭주가 가속하고 빈부 격차가 심각해지고 있는 오늘날, 세계는 다시『자본론』에 주목하기 시작했습니다. 프랑스의 경제학자 토마 피케티(Thomas Piketty)가 저서『21세기 자본』으로 대논쟁을 불러일으켰던 기억이 새롭습니다.

『자본론』은 독일어 원서 기준으로 2,600쪽에 달하는 대작입니다. 아무리 『자본론』이 비즈니스인의 바이블이라고 해도 마르크스 경제학에 대한 논문을 쓰지 않는 이상 모두 읽을 필요가 있는지는 의문입니다. 마르크스가 대중에게 전하고자 한 메시지의 요점을 제대로 이해함으로써 삶의 전략을 세우는 데 응용하는 편이 적절한 사용법이 아닐까 합니다.

그렇다면 『자본론』을 통해 우리는 무엇을 얻을 수 있을까요? 먼저 우리가 사는 자본주의 사회의 구조를 잘 이해하게 됩니다. '사회 구조를 안다 한들 개인이 할 수 있는 일은 아무것도 없지 않나?'라는 생각이 들 수도 있겠습니다.

하지만 사회 구조에 대한 이해는 혁명을 꾀하는 투사에게만 필요한 것이 아닙니다. 2007년 『뉴욕타임스』에서는 월 스트리트의 금융인들 사이에서 『자본론』 읽기가 유행한다는 기사를 실었습니다. 언뜻 생각하기에 공산주의와 정반대의 사고를 할 듯한 금융계 투자자들이 마르크스의 저서를 읽는다는 게 부자연스러워 보이지만, 이는 그만큼 『자본론』이 자본주의 체제의 뛰어난 해부서라는 말이기도 합니다.

사회의 구조를 이해하면 우리가 사는 세상에서 더 잘 살아남는 경쟁력을 갖추게 됩니다. 필자는 '사회주의자', '공산주의자' 라는 말을 들은 적은 있어도 자신을 '자본주의자'라고 소개하는 사람은 본 적이 없습니다. 그만큼 우리를 둘러싼 시스템을 의식하지 않고 생활하고 있다는 뜻이지요.

이는 마치 물에 사는 물고기와 같습니다. 물고기는 물이 무엇인지 몰라도 사는 데 특별한 문제가 없습니다. 하지만 물이 어디에서 흘러오는지, 물이 오염됐을 때 그 원인이 무엇인지 이해하고 있다면 유사시에 살아남는 방법과 더 좋은 물에서 살기 위한 대책을 세울 수 있습니다.

세계 금융위기, 거품경제의 붕괴 등 주기적으로 자본주의의 위기를 경험한 현대인에게 현대 사회의 시스템을 밝힌 『자본론』은 꼭 한 번쯤 읽어 둘 가치가 있는 책입니다.

집필에 앞서 '마르크스가 현대에 되살아나 『자본론』을 쉽게 다시 쓴다면 어떨까?' 하고 상상하며 임했습니다. 논점을 명확히 하는 데 주안점을 두었기에 초보자에게 더없이 알기 쉬운 입문서가 되리라 믿습니다. 그럼 지금부터 인류의 역사를 바꾼 고전, 『자본론』을 함께 읽어 볼까요.

| 차례 |

부란 도대체 무엇인가

가치의 교환이 돈을 움직인다

돈을 버는 돈, 자본

노동자가 파는 상품은 노동력이다

자본주의 시스템의 노동 구조

우리는 왜 자본의 노예가 되는가

VII

우리는 왜 부자가 되지 못하는가

VIII

기술이 진보해도 행복해지지 않는 이유

자본이 눈덩이처럼 불어나는 이유

자본이 거대해지는 메커니즘

자본주의는 공황을 피할 수 없다

| 일러두기 |

본문에 나오는 화폐 단위 '원(₩)'은 원서의 '엔(¥)'을 10배로 임의 환산해 표기했습니다.

I
부란 도대체
무엇인가

『자본론』은 자본주의를 과학적으로 분석한 책입니다. 이 분석은 시작부터 매우 논리적으로 펼쳐집니다. '부(富)란 무엇인가?'라는 근원적인 질문에서 출발해 '어떻게 부의 가치를 결정하고', '무엇이 가치를 생산하는가'의 흐름으로 논리를 전개합니다. 읽다 보면 자연스레 '왜 자본가는 일하지 않아도 부유해질까?' '왜 평범한 사람은 아무리 노력해도 돈 문제로 고생을 할까?'라는 의문의 답이 밝혀집니다.

01

부의 기본 단위는
상품이다

자본주의 사회에서 부는 '수많은 상품의 모음'으로 나타난다.

부의 가장 기본적인 단위는 '상품'이다.

그러므로 자본주의의 연구는 상품의 분석부터 시작해야 한다.

【자본론 제1권 제1장 제1절】

━━ 생물학자는 생물을 연구할 때 생물의 가장 기본 단위인 세포를 분석하는 것부터 시작합니다. 물리학자가 물질의 성질을 연구할 때도 물질의 가장 기본 단위인 분자와 원자 분석에서 출발하지요.

마찬가지로 마르크스도 자본주의 사회의 메커니즘을 밝히기 위해 부의 가장 기본 단위인 '상품' 분석으로 연구를 시작한 셈입니다. 여기서 '자본주의는 돈을 중심으로 굴러가는데 왜 돈부터 시작하지 않을까?'라는 의문을 가질 수도 있겠습니다.

그럼 '부는 수많은 상품의 모음'이라고 내린 정의를 '부는 수많은 돈의 모음'이라고 바꿔 표현하면 어떻게 될까요? 후자는 화폐 이외의 재산, 가령 집이나 토지, 공장 설비, 미술품 등 부의 다양한 형태를 아우를 수 없으므로 올바른 정의가 아닙니다.

돈의 기원을 거슬러 올라가면 애초에 돈도 일종의 상품입니다. 물물교환이 한계에 다다랐을 때 물건 대신 거래가 용이한 쌀, 금, 은 따위가 상품의 '대표'로서 화폐 구실을 한 것이 돈의 시작이었지요. '금본위제(金本位制)' 시대의 화폐는 정말 상품이었습니다. 화폐가 '이만큼의 황금을 가지고 있다'를 증명하는 용도로 쓰였기 때문입니다. 『자본론』에서 논하는 화폐도 금본위제에 따른 개념입니다.

금본위제가 무너진 지금도 화폐의 역할은 예전과 다르지 않습니다. 그래서 화폐를 넓은 의미의 상품으로 간주하면 부의 정의는 이렇게 단순해집니다.

'부는 수많은 상품의 모음이다.'

02

상품의
두 가지 측면

상품이란 '니즈를 충족시키는 외부의 사물'이라고 정의할 수 있다. 여기서 니즈(needs)란 식욕, 허영심 등 인간의 다양한 욕구를 말한다.

모든 상품은 두 가지 관점에서 볼 수 있다. 바로 '질'과 '양'이다. '질'이란 상품이 갖는 성질과 그 활용법을 뜻한다. 한편 '양'은 하나의 상품이 다른 상품과 어떤 비율로 교환되는가를 나타낸다.

【자본론 제1권 제1장 제1절】

━━ 자본주의 사회에서는 니즈만 있다면 무엇이든 상품이 됩니다. 실제로 일본에는 '줄다리기 연습기'라는 별난 물건이 있는데, 이 기구가 상품화된 이유는 연습기를 사고자 하는 니즈가 있었기 때문입니다. 다음의 두 상황을 떠올려 봅시다. 줄다리기 시합을 앞둔 한 남성이 줄다리기 연습기를 50만 원에 샀습니다. 또 어느 대학 교수가 음반 전문점에서 클래식 레코드판 전집을 50만 원에 샀습니다. 상품의 '질'적 관점에서 보면 클래식 레코드판과 줄다리기 연습기는 성질이 전혀 다릅니다. 소비되는 방법도 다르고, 필요로 하는 대상도 다릅니다.

하지만 이런 상품의 성질은 무시하고 두 사람이 낸 돈의 흐름에만 주목해 볼게요. 두 거래 모두 50만 원의 돈이 소비자의 손에서 상인에게로 이동한 동시에, 가치가 50만 원인 상품이 상인의 손에서 소비자에게로 이동했습니다. 즉 '양'적 관점에서 보면 줄다리기 연습기와 클래식 레코드판은 같은 가치를 지닌 상품입니다.

자본주의 연구는 상품의 구체적인 성질과 쓰임새 등을 나타내는 질적 측면보다 양(교환가치)적 측면에 주목해 분석을 진행합니다.

03

상품의
사용가치와 교환가치

유용성이 있는 상품은 '사용가치'가 있다.

철, 옥수수, 다이아몬드 등의 상품은 개개의 쓸모가 있기에 사용가치를 지닌다. 그리고 사용가치가 현실화되는 것은 그 상품이 소비될 때뿐이다.

상품은 사회 속에서 사용가치뿐 아니라 '교환가치'도 지닌다.

예를 들어 옥수수는 일정 비율의 철과 교환할 수 있다.

사용가치는 상품의 '질적 차이'지만, 교환가치는 '양적 차이'다.

【자본론 제1권 제1장 제1절】

━━ 편의점에서 판매하는 도시락도 상품이므로 두 가지 측면을 가지고 있습니다. '교환가치'의 측면에서 보면 가격이 5,000원인 도시락은 돈 5,000원과 교환되는 성질을 지닙니다. 배가 고픈 직장인이 5,000원을 지불하고 사 먹은 도시락은 식욕이라는 욕구를 충족시킨 뒤 현실에서 사라집니다. 즉 도시락이 지닌 음식으로서의 '사용가치'는 그것을 소비하는 사람에 의해 시장에서 사라집니다. 하지만 돈 5,000원은 직장인의 지갑에서 편의점으로 이동해 시장에 남습니다.

사용가치보다 교환가치의 측면이 더 강한 상품도 있습니다. 피카소의 작품이 엄청난 고가에 거래되는 이유는 자기 집 벽에 그림을 걸어두고 매일 감상하고 싶은 욕구 때문이라기보다는 훗날 더 비싼 값에 팔리기 때문이라고 보는 편이 맞을 겁니다. 이 세상에 딱 한 점뿐인 명화의 가격이 시간이 지날수록 치솟는 것은 당연하지요.

금은 액세서리나 치아 보철물로의 사용가치도 있지만, 그보다 교환가치로서의 측면이 훨씬 강합니다. 그런 까닭에 금은 사용가치로서의 기능은 점차 줄어들고 교환가치를 가진 존재로 진화했습니다.

그리고 금이 진화한 형태인 현대의 지폐는 사용가치가 전혀 없고 교환가치만 있습니다. 겨울 설산에서 길을 잃은 조난자가 지폐를 태워 살아남았다는 일화가 있지만, 이를 봐도 교환수단이 아닌 지폐의 '사용가치'란 고작 불쏘시개에 지나지 않음을 알 수 있습니다.

04

상품의 교환가치는
어떻게 결정되는가

서로 다른 두 종류의 상품이 교환될 때는 양적인 교환 비율이
성립한다.

예를 들어 옥수수 1kg의 가치는 철 Xg과 같다. 이 관계는 무엇
을 나타내는가? 바로 옥수수 1kg과 철 Xg 사이에는 '공통의 무
언가'가 있음을 뜻한다. 두 상품에는 제3의 공통 요소가 있으
며, 그것으로 상품의 가치를 비교할 수 있다.

모양이 제각각인 도형이라도 삼각형으로 분할한 뒤 각각의
면적을 계산해 합계를 구하면 원래 도형의 면적을 계산할 수
있다.

마찬가지로 상품의 교환가치는 상품 간에 있는 '공통의 무언가'
로 표현할 수 있다.

【자본론 제1권 제1장 제1절】

━━ 어느 대장장이가 가마솥을 보고 "이 가마솥은 망치 10자루 정도의 가치가 있겠군."이라고 말했다고 합시다. 이게 무슨 뜻일까요? 가마솥을 만드는 철의 양과 망치 10자루를 만드는 철의 양이 같다는 얘기입니다. 가마솥과 망치는 주재료인 철이 비교 기준입니다. 이처럼 두 상품을 정량적으로 비교하려면 공통 요소, 가마솥과 망치를 예로 들면 철의 양이 필요합니다.

그렇다면 가마솥과 헬로키티 인형은 어떻게 비교하면 좋을까요? 이 둘은 물리적·화학적 성질은 물론 용도도 전혀 다릅니다. 상품의 성질과 유용성으로 결정되는 '사용가치'로는 둘의 교환가치를 가늠할 수 없다는 뜻입니다. 두 상품의 가치를 비교할 때는 사용가치가 아닌 제3의 공통 요소가 필요합니다.

가마솥과 헬로키티 인형 사이에 공통점이 있다면 '사람이 만든 물건'이라는 점입니다. 즉 두 상품을 비교할 수 있는 공통 요소는 그것을 만든 사람의 '노력'뿐이지요. 상품을 만들기 위해 사람이 들인 노력의 양, 바로 노동량이 두 상품의 교환에 필요한 가치의 기준이 됩니다. 이 경우 가마솥 생산에 필요한 노동량과 헬로키티 인형 생산에 필요한 노동량의 비율로 두 상품의 가치를 비교할 수 있습니다.

05

상품의
추상화

상품의 가치를 결정하는 '공통의 무언가'란 상품의 물리적·화학적 또는 기타 자연적인 속성이 아니다. 그러한 상품 속성은 사용가치를 결정할 뿐이다.

교환가치는 사용가치를 완벽하게 추상화한 개념이다. 추상화를 통해 서로 다른 두 사용가치를 정량적으로 비교할 수 있다. 사용가치는 상품의 질적 차이에 관한 것이며, 교환가치는 양적 차이에 관한 것이다. 따라서 교환가치와 사용가치는 서로 관계가 없다.

【자본론 제1권 제1장 제1절】

━━ 여기서 말하는 '추상화'란 무엇일까요? 어떤 대상의 구체적인 형태를 고려하지 않고 전체가 지닌 특정 측면만 고려하는 것을 의미합니다.

예컨대 회사의 재무제표에는 사무실이 얼마나 쾌적한지, 직원들의 애사심이 얼마나 깊은지 등의 구체적인 현장 분위기는 완전히 빠져 있습니다. 단지 그 회사의 자산과 부채, 현금 흐름, 벌어들이는 수익 등 재무에 관한 정보를 알 수 있을 뿐이지요. 재무 상황을 분석하기 위해 재무 관련 이외의 모든 요소를 생략하고 '추상화'한 것이기 때문입니다.

재무제표에 사내 분위기는 드러나지 않지만, 겉모습을 배제하고 추상화한 자료는 투자가가 냉정한 판단을 내리는 데 도움을 줍니다. 만약 화려한 사무실이나 웅장한 빌딩 외관에 혹해 숨겨진 부채를 간과한다면 투자는 실패할 것입니다.

다른 예로 지하철 노선도도 위치 관계를 제외한 모든 요소를 추상화한 것입니다. 역내 화장실 위치나 계단 길이 등은 모두 생략되어 있지요. 그 덕분에 노선도는 한눈에 알아보기 쉽습니다. 상품도 마찬가지입니다. 농가에서 생산한 쌀과 장인이 만든 전통 도자기를 어떻게 교환하면 좋을까요?

세세한 부분에 연연하면 비교도, 교환도 할 수 없습니다. 그래서 구체적인 성질을 배제하는 추상화가 필요합니다. 외형이나 쓰임새 등 가치 비교에 불필요한 요소를 배제하고, 교환에 필요한 부분만 추상화하는 거지요. 철도를 노선도로, 회사를 재무제표로 표현하듯 상품을 가치로 나타내는 것이 '상품의 추상화'입니다. 그리고 이때 말하는 가치란 앞서 설명한 '노동량'입니다.

06

추상적
노동

상품을 추상화하여 식탁이나 집, 면사 등 구체적인 형태를 생
각에서 멀리해 보자.

더 나아가 노동도 마찬가지로 추상화하여 가구공, 벽돌공, 방
적공 등 그 구체적인 작업 형태를 생각하지 않는다.

추상화는 상품의 사용가치를 배제하는 동시에 사용가치를 실
체화하는 모든 종류의 노동까지 추상화하는 작업이다. 이 과정
을 통해 모든 상품에서 공통점을 찾을 수 있다.

모든 노동이 서로 구별되지 않는 같은 종류의 노동, 즉 추상화
된 노동이 된다.

【자본론 제1권 제1장 제1절】

━━ 거듭 말하지만, 상품의 가치를 비교할 때 그 사용가치는 고려하지 않습니다. 이는 매우 중요한 개념입니다. '헬로키티 인형은 특히 귀여우니까 이 무거운 가마솥과 교환할 가치가 있어.'라는 생각은 비과학적입니다. 자본주의를 연구할 때 헬로키티 인형이 어떻게 생겼는지, 얼마나 귀여운지는 알 필요가 없습니다. 모든 상품에서 형태와 용도를 배제하고 추상화해 생각해야 합니다. 사용가치와는 별개의 기준으로 상품을 정량적으로 측정해야 하는 것이죠.

헬로키티 인형에서 생김새나 귀여움을 빼고 나면 남는 것은 인형을 만들고, 상점으로 운반한 사람들의 '노력'입니다. 바로 그노력이 시장에서의 교환가치인 셈입니다. 단순히 '귀여운 인형을 만드는 노력과 가마솥을 만드는 노력'을 비교하는 것이 아니라, 두뇌와 신경, 근육을 얼마나 사용했는지 '양'으로 비교해야합니다. 양으로 비교하지 않으면 교환 비율을 정할 수 없기 때문입니다.

여기까지의 내용을 정리해 볼게요. 먼저 자본주의 사회에서 유통되는 자본은 '수많은 상품의 모음'입니다. 상품에는 용도와형태 등을 나타내는 '사용가치'와 상품이 소비자의 손에 건네질

때 치르는 '교환가치'가 있습니다. 상품과 상품을 비교할 때 중요한 것은 교환가치이며, 교환가치는 상품의 형태, 용도, 투입된 노동의 형태를 배제하고 노동의 양만을 추상화해 구합니다.

현대의 돈이란 무엇인가

돈은 상품 중에서도 월등히 특이한 성질을 지니고 있습니다.
모든 상품은 사용가치와 교환가치를 둘 다 지니지만, 돈은 교
환가치만을 지닙니다. 특히 귀금속과 무관해진 현대의 화폐에
는 사용가치가 전혀 존재하지 않습니다. 물리적인 성질만 놓고
보면 5만 원권 지폐조차 종잇조각에 불과하지요.

우리는 평소 아무 의심 없이 지폐를 사용하지만, 생각해 보면
지폐는 참 신기한 존재입니다. 벌거벗은 임금님의 이야기를 떠
올려 봅시다. "그 종이에는 아무런 가치가 없다!"라는 누군가
의 외침에 모두의 눈이 번쩍 뜨여 지폐의 가치가 사라지는 일
은 정말 일어나지 않을까요? 5만 원권 지폐의 가치는 금과 달
리 실제 가치에 근거하지 않습니다. 하지만 그 종이에 5만 원의
가치가 있다는 사실에 모두가 동의합니다. 실제 가치가 아니라
'신용'에 근거한 화폐, 이를 '신용화폐'라고 합니다.

지폐의 등장은 은행의 등장과 관련이 깊습니다. 과거 돈으로

쓰였던 금은 고가였기에 안전한 보관 장소가 필요했습니다. 그때 자신의 금고에 금을 보관해 주는 업자가 등장했습니다. 그들은 약간의 보관료를 받고 타인의 금을 금고에 보관해 주었는데, 이것이 은행의 기원입니다.

은행은 금을 맡긴 사람에게 보관증을 발행했습니다. 그 증서를 은행에 가지고 가면 은행은 액면가에 해당하는 금을 금고에서 꺼내 옵니다. 보관증이 금과 동등한 가치를 갖게 된 것이죠. 보관증은 종이이기 때문에 금을 가지고 다니는 것보다 훨씬 편리했습니다. 이것이 지폐의 기원입니다. 금본위제 시대의 화폐는 금의 보관증 역할을 했습니다.

그런데 보관하는 금의 양이 점차 많아지자, 이 금을 그냥 두기 아까웠던 은행은 고객들 몰래 대금업을 시작했습니다. 돈이 필요한 이들에게 지폐(보관증)를 빌려주고 이자를 받는 식이었지요. 이 방법으로 은행은 막대한 부를 쌓기 시작했습니다. 그 사실을 알아차린 고객들은 자신들이 맡긴 금을 마음대로 운용해 돈벌이한 은행에 항의했습니다.

그러나 그들의 항의는 곧 돈으로 해결되었습니다. 은행이 대금업으로 번 이익의 일부를 금 주인들에게 환원한 것입니다. 이 방식을 따르면 보관료를 낼 필요도 없고 금을 맡기는 것만으로도 이자를 받아 자산이 불어납니다. 은행은 돈을 빌린 사람에게 이자를 받고 금을 맡긴 사람에게는 그보다 낮은 이자를 지급했습니다. 그 차액이 은행의 수입이 되었습니다. 본격적인 금융의 시작이었습니다.

시간이 흘러 경제 규모가 점점 확대되면서 세계 전체 부에 비해 채굴되는 금의 양이 부족해졌습니다. 전 세계의 GDP는 지구 전체의 금 매장량보다 가치가 높아지기에 이르렀습니다. 지폐가 금의 보관증 역할을 했던 금본위제는 이렇게 붕괴했습니다. 그래서 지금 우리가 '돈'이라고 부르는 것은 금과 관련이 없습니다. 사회의 동의하에 만들어진 인위적인 개념입니다. 은행 컴퓨터 서버에 기록된 디지털 숫자가 우리가 말하는 돈의 실체인 것이죠. 실제 눈에 보이는 지폐는 전체 통화량의 극히 일부에 지나지 않습니다.

눈에 보이지 않는 개념이 우리 삶을 지배하고 있는 것입니다.

II
가치의 교환이
돈을 움직인다

돈은 자본주의 사회의 혈액입니다. 그렇다면 그 혈액을 흐르게 하는 원동력은 무엇일까요? 시장에서 돈을 움직이는 원동력은 상품입니다. 더 구체적으로 말하면 상품의 사용가치가 돈을 유통하는 원동력이라고 할 수 있습니다. 돈은 오직 우리가 '필요한 상품을 살 때' 움직이기 때문입니다. 상품은 돈과 반대 방향으로 흐르면서 자본주의 사회의 혈액인 돈을 순환시킵니다. 이 장에서는 상품의 가치가 어떻게 화폐를 움직이는지 살펴보겠습니다.

07

노동의 양을
측정하는 방법

상품에 들어간 노동의 양은 어떻게 측정할 수 있을까?

방법은 간단하다. 노동에 들인 시간을 구하면 된다. 노동시간을 주, 일, 시간 단위로 측정하는 것이다. 그렇다면 서투르거나 게으른 노동자가 상품을 생산할 때는 더 많은 노동시간이 들텐데, 그럼 그 상품의 가치가 더 커지는 것인가 하는 의문이 들수도 있겠다. 하지만 그렇지 않다.

사회 전체에서 생산된 모든 상품에는 개인의 노동이 투입된다. 그 노동을 하나의 거대하고 균질한 덩어리라고 생각해 보자. 상품 하나에 투입된 노동량(=상품의 가치)은 그 상품 하나 단위의 가치를 나타낸다. 상품 생산에 들어간 노동시간, 즉 '사회적으로 필요한 노동시간'은 사회의 일반적인 생산수단과 평균적인 효율로 소요된 노동의 양이다.

【자본론 제1권 제1장 제1절】

━━ 천 마리의 종이학을 접어 누군가에게 선물하는 사람은 '이걸 만드는 정성이 종이학에 담길 거야.'라고 생각하겠지요. 여기 10명의 학생이 모여 좋아하는 아이돌에게 선물할 종이학 천 마리를 접고 있다고 가정해 봅시다. 이 중 9명은 수예부 부원으로 손재주가 있고, 나머지 1명은 종이접기가 서투릅니다. 모두가 빠른 속도로 종이학을 접고 있을 때 1명의 학생은 다른 개별 학생들의 절반 속도밖에 내지 못합니다.

1시간 남짓 걸린 작업 끝에 천 마리의 종이학이 완성됐습니다. 수예부 9명과 종이접기가 서투른 1명이 똑같이 1시간 동안 작업했지만, 서투른 1명이 완성한 종이학은 다른 학생이 만든 개수의 절반에 지나지 않습니다. 그렇다고 해서 종이학에 담긴 '마음'의 양도 다른 학생이 만든 종이학의 절반이라고 할 수 있을까요? 그렇지 않지요. 손이 느리긴 했지만 다른 9명과 마찬가지로 선물 받을 아이돌을 생각하며 1시간 동안 종이학을 접었기 때문입니다.

그럼 이번에는 종이학을 상품으로 파는 상황을 가정해 봅시다. 이때는 사정이 다릅니다. 손재주가 없는 학생이 만든 종이학도 다른 종이학과 똑같은 상품으로 팔리기 때문입니다. 종이학 하나를 완성하는 데 보통 30초가 걸릴 때, 누군가는 1분을 들였다고 해서 그 가치가 올라가지는 않습니다.

원문의 비유를 다시 떠올려 볼게요. 천 마리의 종이학에 들어간 전체 노동을 하나의 거대한 덩어리로 생각하면 그것을 1,000으로 나눈 값이 종이학 1개에 담긴 노동입니다.

상품의 가치는 노동시간으로 측정됩니다. 상품 생산에 들어간 전체 노동시간에서 단위 1만큼의 몫을 계산한 것이 그 상품의 가치라는 뜻입니다. 개개인의 기량에 따라 각 상품의 가치가 변하는 게 아닙니다. '사회적으로 필요한 노동시간'에는 이러한 의미가 담겨 있습니다.

08

노동과
사용가치와 교환가치의 관계

사용가치는 있으나 교환가치가 없는 물건도 있다. 그 유용성이 노동력의 산물이 아닌 경우다. 공기, 흙, 자연에서 자란 목초 등이 이에 해당한다.

사용가치가 있고 노동력의 산물이기도 하지만, 상품이 아닌 물건도 있다. 바로 자신이 사용할 목적으로 만든 물건이다. 상품을 생산하기 위해서는 자신뿐 아니라 타인을 위한 사용가치, 즉 사회적 사용가치를 노동력으로 생산해야 한다.

그리고 타인을 위해 생산해도 상품이 되지 않는 경우가 있다. 중세의 농민은 영주를 위해 농작물을 생산했다. 농작물은 타인, 즉 영주를 위해 생산한 물건이지만 상품이라고 부를 수 없다. 생산물이 상품이 되기 위해서는 교환을 통해 타인에게 옮겨가야 한다.

마지막으로 어떤 물건에 사용가치가 없다면 그 물건에 들어간 노동의 가치 또한 사라진다. 그 노동은 교환가치를 창출하지 않으므로 노동으로 인정되지 않는다.

【자본론 제1권 제1장 제1절】

애초에 상품을 교환하는 이유는 각각의 상품에 다른 사용가치가 있기 때문입니다. 똑같다면 교환할 이유가 없지요. 하지만 작은 차이라도 존재한다면 교환할 이유가 생깁니다. 똑같은 연필 두 자루를 교환하는 것은 아무 의미가 없지만, 헬로키티 연필과 미피 연필을 교환하는 것은 의미가 있습니다.

원문에서 주목할 부분은 노동과 사용가치와 교환가치의 관계입니다. 어떤 상품이 다른 상품군에서 독립해 존재하려면 차별화된 사용가치가 있어야 합니다. 사용가치는 노동을 통해 창출되므로 질적으로 다른 노동이 질적으로 다른 상품을 만들어냅니다. 그렇게 다른 것과 구별되는 사용가치가 부여된 상품은 시장에서 교환가치를 지닙니다.

노동의 결과인 상품에 사용가치와 교환가치의 두 가지 측면이 있듯이, 상품을 만드는 노동에도 두 가지 측면이 있습니다. 예를 들어 만화가가 작품을 그릴 때 '주제는 스포츠? 아니면 판타지? 그림체는 어떻게 할까?' 하고 고민하는 노동의 구체적인 면은 사용가치의 창출에 해당합니다. 반면 교환가치의 창출은 '어떤 내용의 만화를 그리는가'가 아니라 '만화를 그리는 행위가 시장에서 어느 정도의 가치를 창출하는가'라는 노동의 추상적인 면을 가리킵니다.

09

가치를 생산하는
유용노동

어떤 물건에 사용가치가 없다면 그에 들어간 노동에도 가치가
없다. 그 노동은 교환가치를 창출하지 않으므로 노동으로 인정
되지 않는다.

노동의 유용성은 노동으로 생산한 상품의 사용가치에 따라 결
정된다. 상품에 사용가치를 부여하는 생산적인 활동을 '유용노
동'이라고 부른다.

사용가치는 수많은 종류가 있다. 그리고 각각의 사용가치를 생
산하는 유용노동도 수많은 종류가 있다.

【자본론 제1권 제1장 제2절】

━━ 유용노동이란 사용가치가 있는 상품을 만들어내는 노동을 말합니다. 네덜란드 영화 중에 「최악의 시나리오(Worst Case Scenario)」라는 영화가 있습니다. 2006년 월드컵 경기장에 좀비가 난입해 사람들을 습격한다는 줄거리로 다수의 엑스트라를 동원했고 80억 원이 넘는 제작비가 투입되었습니다. 그러나 이 영화는 극장 개봉은커녕 비디오 발매에도 실패했습니다. 상품조차 되지 못한 것이죠. 따라서 출연한 배우와 감독의 노력은 '유용노동'이라 할 수 없습니다.

이처럼 각고의 노력에도 불구하고 상품조차 되지 못하는 사례가 있는가 하면, 일견 말도 안 되는 물건이 상품이 되기도 합니다. 대표적인 예가 이탈리아 전위예술가 피에로 만초니(Piero Manzoni)가 발표한 「예술가의 똥」이라는 작품입니다. 그는 자신의 대변을 깡통에 밀봉하고 '정량 30g, 신선하게 보관됨'이라고 쓴 라벨을 붙였습니다. 그리고 내용물과 똑같은 무게인 금 30g의 가격을 매겼습니다. 그런 장난을 누가 상대할까 싶겠지만 작품은 상당한 인기를 끌었고, 현재는 실제 황금과도 비교할 수 없을 만큼 가치가 치솟았습니다. 결과적으로 만초니의 배변은 유용노동이었던 것이죠.

세상에는 수많은 종류의 노동이 있습니다. 식량을 생산하는 농가도 있고, 초밥을 만드는 초밥 장인도 있고, 만화를 그리는 만화가도 있으며, 배설하는 예술가도 있습니다. 노동의 성과물이 사용가치를 인정받아 시장에서 팔리기만 한다면 가치는 증명되는 것이고, 그 상품에 들어간 노동은 유용노동이라고 할 수 있습니다.

10

상품의 생산은
분업으로 이뤄진다

상품 생산에서 분업은 꼭 필요한 요소지만, 분업에 상품 생산
이 꼭 수반되는 것은 아니다.

고대 인도 공동체에도 사회적 분업은 있었으나 상품은 생산하
지 않았다. 자본주의 사회의 공장도 노동이 체계적으로 분업화
되어 있다. 하지만 고대 인도 사회처럼 공장 내에서 각자의 생
산물을 교환하는 일은 없다.

사회에서 교환되는 상품은 질적으로 다른 종류의 노동을 통
해 독립적으로 생산된 물건이어야 한다. 모든 상품에는 유용노
동(구체적인 목적으로 이뤄진 생산 활동)이 포함돼 있다. 서로 다
른 형태의 유용노동이 투입됨으로써 상품으로서의 가치를 갖
는다.

생산자들이 수행하는 유용노동의 질적 차이가 사회적 분업이
라는 체계로 발전한 것이다.

【자본론 제1권 제1장 제2절】

■ 상품의 존재는 사회적 분업을 전제 조건으로 합니다. 만약 분업이라는 체계가 없다면 이 세상에서 가장 중요한 직업은 식량을 생산하는 농업이나 어업일 것입니다. 소설가나 화가가 부를 쌓을 기회는 없습니다. 분업화되어 있기에 무라카미 하루키 같은 인기 작가는 소설을 쓰는 것만으로도 부와 명성을 얻을 수 있습니다.

현대 사회에서 유명 운동선수, 가수, 영화배우는 어마어마한 수입을 벌어들입니다. 골퍼 타이거 우즈는 1년에 수백억 원의 수입을 올리는데 대회 상금보다 게임 라이선스, 골프장 설계, 광고 수입 등이 많은 부분을 차지합니다. 이런 수입이 발생하려면 게임, 골프장, 광고, 대중 매체의 존재가 꼭 필요합니다. 이는 자본주의 사회가 아니라면 불가능했을 일입니다. 먼 옛날 스코틀랜드에서 심심풀이 삼아 지팡이로 놀이를 즐기던 이들은 그 놀이로 경제적인 이익을 얻을 수 없었습니다. 골프 상업화에 필요한 자본은 물론, TV에 방송을 송출하고 비디오 게임을 만드는 기술 덕택에 타이거 우즈는 막대한 부를 쌓을 수 있었습니다.

발달한 문명은 고도로 분업한 사회입니다. 이런 사회에는 분업이 발달하지 않은 사회에 비해 훨씬 다양한 유용노동이 존재합니다.

11

다른 종류의
노동

10미터의 리넨이 외투 절반의 가치와 같다면, 20미터의 리넨은 외투 1벌과 동일한 가치를 갖는 셈이다. 이런 비교가 가능하려면 양쪽을 생산하는 노동의 종류가 같아야 하는데, 문제는 리넨을 직조하는 일과 외투를 재봉하는 일이 질적으로 다른 노동이라는 점이다.

그럼 이번에는 한 노동자가 번갈아 가며 직조와 재봉을 하는 상황을 떠올려 보자. 각각의 작업 형태는 다르지만, 직조와 재봉 모두 한 사람의 노동력에 의한 작업이다. 즉 노동의 구체적인 형태를 빼고 보면 직조와 재봉은 둘 다 인간의 노동력, 즉 인간의 두뇌, 근육, 신경을 소비하는 활동이다. 이런 관점에서 모든 노동은 인간의 일반적인 노동으로 생각할 수 있다.

만약 숙련된 노동자가 상품을 빠르게 생산한다면, 그것은 일반적인 속도의 단순 노동이 증대한 것으로 보면 된다. 이런 식으로 우리는 모든 노동을 단순 노동이라고 가정할 수 있다.

【자본론 제1권 제1장 제2절】

바다에 나가 참치를 잡는 어부의 일과 만화를 그리는 만화가의 일은 질적으로 다릅니다. 노동의 결과인 사용가치도, 그 내용물도 전혀 다르지요. 그러나 원문에서도 말하듯이 노동의 구체적인 형태를 **빼고** 보면 어부의 노동도 만화가의 노동도 '인간의 두뇌, 근육, 신경을 소비하는 활동'입니다.

물론 어부가 훨씬 많은 근육을 쓰며 참치와 씨름하겠지만, 만화가도 나름대로 정성을 기울여 그림을 그리고 두뇌를 써서 내용을 구상합니다. 어부도, 만화가도 노동으로 소비한 에너지를 보충하기 위해 식사를 합니다. 그리고 다시 노동으로 에너지를 소비하지요. 모든 노동을 인간의 두뇌, 신체를 소비하는 활동이라고 일반화하면 어부와 만화가의 노동은 그 본질이 같다고 볼 수 있습니다.

그렇다면 질적으로 다른 어부의 노동과 만화가의 노동을 어떻게 비교할 수 있을까요? 가령 어부가 1시간 노동한 가치와 만화가가 1시간 노동한 가치의 비율은 어떻게 될까요? 이 비율은 교환이라는 사회적 행위를 통해 정해집니다. 자유로운 거래가 이루어지는 사회에서는 사회적으로 필요한 노동의 가치가 가격에 정확히 반영됩니다. 모든 노동은 형태의 차이 혹은 숙련도와 상관없이 양적으로 비교할 수 있다는 점이 원문의 요점입니다.

12

상품의
가치

철, 원단, 곡물 등 상품은 저마다 쓰임새가 있다.

그러나 이들을 상품화하는 것은 이중성, 즉 사용의 대상인 동시에 가치를 가지고 있기 때문이다. 상품의 가치는 다른 상품과의 상대적인 관계로 표현된다. 예컨대 '리넨 20미터의 가치는 외투 1벌과 같다.'라는 등가관계가 그렇다.

어떤 상품도 홀로 등가관계를 맺을 수는 없으므로 다른 상품과의 등가관계로 자신의 가치를 나타내야 한다. 이는 가치의 이면에 사회적 관계가 숨어 있음을 암시한다.

그렇다고 해서 비교의 결과가 상품의 가치인 것은 아니다. 비교를 통해 상품에 내포된 사용가치가 가시화될 뿐이다. 다른 상품에 대한 등가가치는 어디까지나 상품의 실체에 따른 것이며, 그 가치는 인간의 노동이 체현된 것이다.

【자본론 제1권 제1장 제3절】

━━ 만화 『드래곤볼』에는 스카우터라는 도구가 등장합니다. 적과 아군의 전투력을 수치로 파악할 수 있는 도구로, 적의 전투력이 10이고 내가 12라면 나는 적을 쓰러트릴 힘이 있다는 뜻입니다. 안타깝게도 현실 세계에는 스카우터가 없기에 인간의 전투력을 쉽게 가늠할 방법이 없습니다. 주먹다짐이라도 해서 타인과 비교하는 것 말고는 내 힘의 크기를 알 길이 없지요. 마찬가지로 상품에 내재한 가치를 측정하려면 다른 상품과 비교하는 수밖에 없습니다.

전투력이라는 개념은 '타인과 싸우는 것'을 전제 조건으로 합니다. 상대에게 '이기느냐, 지느냐'라는 사회적 관계가 숨어 있기에 어느 쪽이 강한지 판단할 수 있습니다. 한편 상품의 이면에 숨겨진 사회적 관계는 교환 비율입니다. 비율이 정해지면 각각의 가치를 파악할 수 있습니다.

모든 상품의 비교를 통해서 가치 비율을 수치화하면 각 상품의 가격이 결정됩니다. 그 가치를 화폐로 표현하는 것은 그 후의 이야기입니다. 스카우터가 없어도 손오공에게는 전투력이 있듯이 화폐가 없어도 상품은 가치를 지니고 있습니다. 가치는 각 상품의 비교를 통해 확인할 수 있는 것이며, 사용가치를 실체화한 인간의 노력, 즉 노동량을 나타냅니다.

13

물신
숭배

상품의 가치는 다른 상품과의 비교라는 사회적 관계를 통해 나타난다. 그에 따라 상품을 만든 생산자들의 사회적 관계도 마치 물건들의 관계처럼 보이게 된다.

비유하자면 종교의 세계에서는 인간 두뇌의 산물이 실존 인물처럼 등장하고, 그들이 서로 관계를 맺거나 인간 세계에 관여한다.

상품 세계에서는 인간이 만들어낸 상품이 그처럼 행동한다. 이 현상을 나는 '물신숭배(物神崇拜)'라고 부른다. 물신숭배는 노동 생산물이 상품으로 생산되자마자 부가되며 상품의 생산과는 떼려야 뗄 수 없는 관계를 이룬다.

【자본론 제1권 제1장 제4절】

━━ 종교적 세계관에서는 인간 두뇌가 만들어낸 신과 천사, 악마 등이 마치 살아있는 존재처럼 등장합니다. 천사와 악마가 싸우고 신이 인간을 심판하거나 때로는 도와줍니다. 신, 천사, 악마를 '상상의 산물'이라고 단정한다면 신을 숭배하는 이들은 자신의 상상이 만들어낸 존재를 숭배하고 있는 셈입니다.

상품의 세계에서는 인간 노동의 산물, 즉 상품이 인간과 관계를 맺고 있습니다. 경제적 거래는 모두 상품을 통해 이루어집니다. 인간의 노동은 서로 교환되지만, 노동을 직접 교환하는 것이 아니라 상품이라는 형태로 교환합니다. 우리는 상품을 살 때 그것이 누구의 노동생산물인가는 특별히 신경 쓰지 않습니다.

예를 들어 시장에서 5만 원에 파는 쌀은 그저 5만 원의 가치를 지닌 상품일 뿐입니다. 농가가 벼를 재배하기 위해 얼마나 많은 노력을 쏟았는지, 무거운 쌀가마니를 시장에 옮기느라 운반업자가 얼마나 고생했는지는 알 수 없습니다. 쌀가마니에 발이 달려 스스로 시장에 왔다고 해도 소비자에게는 똑같은 쌀입니다. 쌀을 생산하고 운반한 노동이 쌀이라는 상품의 표층에 가려지기 때문입니다.

책의 첫머리에서 해설한 대로 부는 '상품의 모음'입니다. 자본주의 사회에서 부를 추구하는 것은 당연하지만, 부를 추구하는 과정에서 상품의 심층에 있는 '인간의 노력'은 교환가치라는 표층에 가려져 무시됩니다.

머릿속 뇌가 만들어낸 악마나 천사는 신앙을 버리면 사라집니다. 자본주의 사회의 물신숭배가 사라지려면 상품의 생산이 중단되어야 합니다. 물론 그럴 일은 없을 테지요. 물신숭배와 같이 비인간적인 현상은 상품의 생산 그리고 자본주의 시스템이 가져온 필연적인 결과입니다.

14

교환과
화폐

상품은 그 소유자에게는 사용가치가 없는 물건이다. 상품소유
자에게 사용가치가 있다면 애초에 시장에 나올 리 없기 때문
이다. 상품은 어디까지나 그것을 가지고 있지 않은 사람에게
사용가치를 지닌다. 그래서 모든 상품은 교환되어야 한다.

교환을 하려면 상품의 가치를 알아야 하고, 이를 위해서는 기
준이 되는 어떤 상품과 비교할 필요가 있다. 그리고 특정 상품
이 기준이 되기 위해서는 사회적 과정이 반드시 필요하다.

사회적 과정을 거치며 그 상품 특유의 기능은 배제되어 갔고,
그것이 화폐가 되었다.

【자본론 제1권 제2장】

━━ 이론상으로 상품은 그 어떤 상품과도 서로 교환될 수 있지만, 현실에서는 그리 간단하지 않습니다. 물물교환밖에 없던 시대에 어부가 생선을 들고 그릇가게를 찾았다고 상상해 봅시다. 그릇가게 주인은 "생선은 필요 없어요. 난 쌀이 필요해요."라고 했고, 어부는 그길로 농가를 찾아가 생선과 쌀을 교환하려고 합니다. 그러나 농가도 "생선은 질렸어요. 생선이 아니라 풀 베는 데 쓸 낫이 필요하오."라고 합니다. 어부는 다시 대장장이를 찾아가 생선과 낫의 교환을 제안하고 힘겹게 승낙을 받아냅니다. 그리고 낫을 들고 농가를 찾아가 쌀로 바꾼 다음 그릇가게로 돌아가 쌀과 그릇을 교환합니다.

이런 불편은 옛날 옛적 사람뿐 아니라 근대 탐험가들도 흔히 경험한 일입니다. 화폐를 알지 못하는 원주민으로부터 필요한 물건을 사려면 먼저 그들이 필요로 하는 물건을 구해야 했습니다. "나에게 필요한 것을 찾아오라!" 이래서는 마치 롤 플레잉 게임의 미션이나 다름없지요.

'자유로운 교환'이라는 이상이 현실에서 실현되려면 교환의 기준이 될 상품이 필요합니다. 방금 예시에서 보았듯이 쌀이 그 역할을 하던 때가 있었습니다. 쌀은 누구에게나 필요한 물건이고 양 조절도 편합니다. 시간이 흐르면서 쌀은 식량으로서의 사용가치는 물론 사회적으로 교환가치를 인정받아 화폐의 역할을 하게 된 것이죠. 그 후 운반도 편리하고 썩지 않는 장점을 지닌 금이 화폐로 사용되면서, 장신구 등에 사용한 금 특유의 기능이 점점 쇠퇴하고 거의 교환 매개의 기능만 남게 되었습니다.

이러한 과정을 『자본론』에서는 '사회적 과정'이라고 표현하고 있습니다.

15

화폐의
역할

가치는 다른 상품에 대한 가치 비율로 비교된다. 이때 원활한 교환을 위해 교환수단으로서 적절한 상품이 화폐 역할을 맡는다. 이윽고 균질한 양으로 가치를 나타낼 수 있는 귀금속이 화폐 역할을 하게 된다.

귀금속은 원하는 대로 나눌 수 있고 다시 결합할 수도 있다. 어려운 점은 '화폐도 상품의 일종'이라는 사실을 이해하는 것이 아니라 '상품이 왜 화폐가 되는가'이다.

화폐는 다른 모든 상품과 마찬가지로 자신의 가치를 다른 상품과의 상대적인 가치로만 표현할 수 있다. 화폐의 가치 역시 그것을 생산하는 데 들어간 노동시간으로 결정된다.

그런 점에서 금과 은은 채굴됨과 동시에 인간의 노동을 직접적으로 구체화하는 셈이다.

【자본론 제1권 제2장】

▬ 소량으로도 높은 가치가 있으며 변질되지 않고 양을 자유롭게 조절할 수 있는 것. 이런 이유로 귀금속은 자연스럽게 화폐 역할을 맡게 되었습니다. 비슷한 물건으로 보석이 있지만, 보석은 원하는 가치만큼 양을 조절하기 어렵습니다.

예를 들어 다이아몬드는 반으로 쪼개어 대금을 치를 수 없고, 원석에 따라 크기와 등급도 다릅니다. 그에 비해 금속은 녹이면 다양한 크기로 바꿀 수 있고 등급의 차이도 없습니다. '이건 일본에서 채굴된 금이니까 남아프리카공화국의 금보다는 값이 낮아.' 등의 일은 있을 수 없다는 말이지요. 순금속은 한 가지 원자로 구성되는 순물질이므로 정제하면 균일한 금속을 얻을 수 있습니다.

귀금속의 가격이 비싼 이유는 채굴하는 데 많은 노동력이 들기 때문입니다. 금이 은보다 아름다워서 가치가 높은 것이 아닙니다. 매장량이 적으면 적을수록 금속을 채굴하기 위해 많은 노동력이 필요하고 그에 따라 가치가 높아집니다. 19세기에는 알루미늄이 금보다 훨씬 값어치가 높았습니다. 프랑스의 나폴레옹 1세는 연회에서 부하들에게 금과 은으로 만든 식기를 쓰게 하고 자신은 알루미늄 식기를 사용했습니다. 그러나 1886년 미국에서 알루미늄의 대량생산 기술이 개발되자 가치가 뚤

어졌고 지금은 주로 음료수 캔 등에 흔히 쓰이지요.

금은 기나긴 사회적 과정을 거쳐 가치의 기준이 되었습니다.
교환가치의 관점에서 보면 '금 채굴에 필요한 노동의 양'이 '다
른 모든 노동의 양'의 가치를 나타내는 기준이 되었음을 의미합
니다.

돈은 어디에서 오는가

이번 장에서는 '돈을 움직이는 원동력은 상품의 사용가치'이며 '사용가치는 인간의 노동력이 만들어내는 것'임을 이해했습니다. 그리고 대략적인 돈의 움직임을 살펴보았는데, 애초에 이 돈은 어디에서 오는 것일까요? 마르크스 시대와는 달라진 화폐 발행의 메커니즘을 한번 짚어 보겠습니다.

위의 물음에 가장 많이 돌아오는 답은 "국가가 화폐를 인쇄해서 발행하는 거 아닌가요?"일 겁니다. 하지만 인쇄된 지폐는 전체 통화량에 비하면 무시해도 될 만큼 적은 양입니다.

Ⅰ장 말미에서 소개한 은행의 기원에서 보았듯이 은행은 금이 돈으로 쓰이던 시절, 금을 금고에 보관해 주는 서비스에서 출발했습니다. 금 보관증이 지폐의 시작이었지요. 은행은 돈이 필요한 사람에게 보관증, 즉 지폐를 빌려주고 이자를 받았는데 그것이 금융업의 시초였습니다. 이때 재미있는 사건이 벌어집니다.

은행은 고객들이 맡겨둔 금을 한꺼번에 찾으러 오는 일은 없다는 사실을 깨닫습니다. 게다가 금고에 얼마만큼의 금이 있는지는 아무도 모른다는 것도요. 그래서 은행은 실제 맡아둔 금의 양보다 더 많은 보관증을 발행하기 시작했습니다. 실제로 금고에는 10억 원어치의 금이 있어도, 보관증을 1,000억 원어치 발행하면 대금업의 이익은 100배가 됩니다. 이 방법은 명백한 사기지만 고객들이 한날한시에 금을 찾아가지 않는 한 문제 없이 은행을 운영할 수 있습니다.

나중에 이 같은 은행의 소행이 밝혀지지만, 이미 익숙한 관행이 된 데다 은행은 사회에서 없어서는 안 될 기능을 수행하고 있었습니다. 어쩔 수 없이 그 방식을 국가도 허용했지만 고객들이 대규모로 예금을 찾을 수 있다는 위험 부담은 여전히 있었지요. 바로 뱅크런(bank run)이라고 일컫는 대규모 예금 인출 사태입니다. 금고의 실제 보유량보다 많은 양의 지폐가 발행될수록 그 위험도가 높아집니다. 가령 금고의 금 보유량이 100만 원어치라고 할 때 1,000억 원의 지폐를 발행했다고 생각해 봅시다. 어떤 고객이 100만 원어치의 금만 찾아가도 은행은 파산합니다.

그래서 '지급준비율'이라는 개념이 도입되었습니다. '법으로 규정한 은행의 지급준비율이 10%'라고 가정하면, 금고에 10억 원어치의 금이 있을 때 최대 90억 원의 지폐를 발행할 수 있습니다. 이때 금고에 있는 10억 원을 '지급준비금'이라고 합니다.

화폐제도가 금본위제가 아닌 신용화폐 기반이 된 현대 사회에서도 지급준비율의 개념은 건재합니다. 은행은 법률에 따라 지급준비금을 실제 화폐로 가지고 있어야 합니다. 일본의 법정 지급준비율은 1% 이하로 꽤 낮은 편인데, 1%라고 가정해도 10억 원만 있다면 990억 원을 고객에게 빌려줄 수 있습니다(우리 나라의 지급준비율은 7%를 유지 중임_옮긴이).

이처럼 실재하는 것보다 훨씬 많은 돈이 은행의 융자를 통해 발생합니다. 유통되고 있는 돈 대부분이 돈을 빌릴 때 발생한다는 뜻입니다. 그 과정에서 발생하는 돈은 단지 은행 컴퓨터에 숫자로 기록됩니다. 현대의 돈이란 눈에 보이는 부와는 관련이 없습니다. 인위적으로 설정한 지급준비율과 대출 과정에서 발생하는 가상의 수치일 뿐인 거죠.

III

돈을 버는 돈,
자본

자본은 '돈을 버는 돈'이라고 정의할 수 있습니다. '평범한 사람은 돈을 벌기 위해 일하지만, 부자는 돈이 일하게 만든다.'라는 말이 있습니다. 자본가는 일하지 않아도 막대한 자산을 계속해서 불려 나가지만 보통의 직장인들은 일하고 또 일해도 늘 돈이 부족합니다. 자본가의 돈은 '자본'이지만 평범한 사람의 돈은 '자본'이 아니기 때문입니다. 이 장에서는 돈이 돈을 버는 구조를 알아보겠습니다.

16

자본이란
무엇인가

상품 유통은 자본의 출발점이다. 돈이 '자본'이 될지 '평범한 돈'
이 될지는 유통 형태에 따라 결정된다.

상품 유통의 가장 단순한 형태는 '상품 → 돈 → 상품'이다. 상
품을 팔아서 돈을 벌고 다시 그 돈으로 다른 상품을 사는 흐름
이다. 상품이 돈으로 모습을 바꾸고 그 돈이 다시 상품으로 모
습을 바꾸는 것, 다시 말해 구매를 위한 판매다.

하지만 우리는 또 다른 형태의 유통을 알고 있다. 바로 '돈 →
상품 → 돈'이다. 돈으로 상품을 사고 다시 그 상품을 팔아서 돈
을 버는 흐름이다. 돈이 상품으로 모습을 바꾸고 그 상품이 다
시 돈으로 모습을 바꾸는 것, 즉 판매를 위한 구매다. 이렇게
유통되는 돈을 '자본'이라고 부른다.

【자본론 제1권 제4장】

━━ '자본'과 '돈'의 차이는 무엇일까요? 돈은 자본이 될 수 있지만, 돈이라고 모두 자본인 것은 아닙니다. 자본이란 순환하면서 자기증식하는 돈을 말합니다. 투자의 대가 워런 버핏의 표현을 빌리자면 점점 불어나는 자본의 모습은 마치 '눈덩이(snowball)'와 같습니다.

어부가 생선을 팔아서 5,000원을 벌고 그 5,000원으로 라면을 사 먹었습니다. 이 순환은 '상품 → 돈 → 상품'의 흐름입니다. 라면이 어부의 뱃속으로 들어가 이 세상에서 사라지면 끝입니다. 음식을 얻기 위해, 즉 사용가치를 위해 쓰인 5,000원은 자본이 아닙니다. 그저 라면을 먹는 데 사용된 돈일 뿐입니다. 화폐가 등장하고 얼마 지나지 않았을 무렵, 고대 사람들이 하던 거래도 이와 비슷한 흐름이었을 것입니다.

그러던 중 어느 똑똑한 사람은 깨닫습니다. '돈만 있다면 무엇이든 살 수 있다. 가장 중요한 것은 돈! 그러니까 상품을 이용해 돈을 벌어보자.' 이 발상이야말로 자본의 출발점입니다. 그는 돈으로 상품을 산 다음 그 상품을 다른 사람에게 조금씩 비싼 값에 되팔아 이득을 취합니다. 싸게 사서 비싸게 팔기를 반복하면 수중의 돈은 점점 불어납니다.

이와 같은 거래는 '돈 → 상품 → 돈'의 흐름이며, '상품 → 돈 → 상품'보다 진화한 형태입니다.

자본은 '돈을 버는 돈'이자, 자본가가 누리는 부의 원천입니다. 후에 상품과 돈의 교환을 연금술에 비유하기도 하는데 이 순환이야말로 자본가가 돈을 연성하기 위해 행하는 연금술입니다.

17

유통의 목적과
원동력

'상품 → 돈 → 상품'이라는 유통은 어떠한 상품에서 시작해 다른 어떤 상품으로 끝난다. 그리고 상품은 소비되어 유통 과정에서 빠지게 된다. 이 유통의 최종 목적은 소비다. 즉 사용가치가 유통의 목적이다.

반면 '돈 → 상품 → 돈'이라는 유통은 돈에서 출발해 돈으로 끝난다. 이 유통의 목적과 이를 움직이는 원동력은 교환가치 그 자체다.

【자본론 제1권 제4장】

━━━ 딱 맞는 비유가 아닐 수도 있지만, '행복해지기 위해 결혼하고 그 과정에서 아이를 낳는 경우'와 '아이를 낳기 위해 결혼하는 경우'를 비교해 봅시다. 사정을 모르는 사람에게는 양쪽 다 비슷한 결혼으로 보이겠지만, 목적이 전혀 다른 만큼 결혼생활 역시 다르게 펼쳐지지 않을까요?

마찬가지로 돈을 상품과의 교환수단으로 쓰느냐, 돈 자체를 불리는 자본으로 사용하느냐에 따라 거래의 동기가 달라집니다. '상품 → 돈 → 상품'의 목적은 사용가치로, 처음에 투입된 상품의 가치와 마지막 상품의 가치가 같습니다. 양 끝의 상품 가치는 똑같지만, 사용가치가 서로 다르므로 그것으로 의미 있는 거래입니다.

'돈 → 상품 → 돈'의 목적은 교환가치로, 처음에 투입된 돈의 가치와 마지막 돈의 가치가 다릅니다. 양 끝의 돈의 가치가 완전히 똑같다면 이 순환에는 의미가 없지요. 마지막 돈은 처음보다 커야 합니다. 이렇게 불어난 돈은 다시 순환에 투입됩니다.

그저 순서를 바꾸기만 했을 뿐인데 본질적으로 다른 순환이 되었습니다. 순환을 일으키는 원동력과 거래의 목적은 물론, 사용된 돈의 성격까지 달라진 것이죠.

18

증식하는
자본

'돈 → 상품 → 돈'의 과정에서는 돈이 증가한다.

예를 들어 내가 10만 원어치의 면직물을 사서 11만 원에 팔면 10만 원을 11만 원과 교환한 셈이다. 이 과정은 다음과 같이 나타낼 수 있다.

'돈 → 상품 → 돈'(증가한 돈)

여기서 증가분, 즉 최초의 가치를 넘는 초과분을 나는 '잉여가치'라고 부른다. 최초로 투하한 가치가 유통 중에도 가치를 유지했을 뿐 아니라, 그것을 증대해 잉여가치를 창출한 것이다.

【자본론 제1권 제4장】

━━ 이처럼 돈이 또 다른 돈을 낳는 구조일 때 이 '돈'은 '자본'으로 불립니다. 자본가의 '돈 → 상품 → 돈'의 순환은 자본가의 욕망이 있는 한 이것으로 끝나지 않습니다. 순환의 결과로 불어난 돈은 다시 투입되어 다음과 같은 순환을 되풀이합니다.

돈 → 상품 → 돈 → 상품 → 돈 → 상품……

끊임없는 반복으로 돈의 양이 점점 불어나는데 이 메커니즘에서 상품은 돈을 불리는 수단일 뿐입니다. 상품을 생략하면 다음과 같습니다.

돈 → 돈′ → 돈″

이런 식으로 자금이 계속해서 증가해 나가는 구조를 확인할 수 있습니다. 물론 현실에서는 투자금을 회수하지 못하고 '돈″'이 '돈′'보다 작아져서 실패하는 투자도 있지만, 지금은 그저 자본이 불어나는 메커니즘을 설명하기 위한 '모델'로 이해하기 바랍니다.

모델이란 현상을 설명하기 위한 도구입니다. 예를 들어 내부 장기의 배치가 그려진 인체도는 실제 인체를 대신해 우리 몸의 메커니즘을 설명하는 데 쓰입니다. 만약 인체도를 보고 쓸개즙의 역할을 설명하는데 누군가가 "난 쓸개를 제거해서 쓸개즙이 나오지 않는데요."라고 말한다면 어떻게 해야 할까요? 인체도는 어디까지나 정상 상태의 메커니즘을 설명하는 모델입니다. 질병으로 변경된 메커니즘을 설명하려면 다른 모델이 필요하겠지요. 다만 그렇더라도 질병의 원인을 이해하려면 장기 본연의 메커니즘을 알아야 합니다.

우리의 궁극적인 목적도 자본 본래의 메커니즘을 이해하는 것이라 할 수 있겠습니다.

19

공업도
상업과 다르지 않다

판매를 위한 구매, 혹은 비싸게 판매하기 위한 구매가 상업에 국한된 것이라고 생각하기 쉽지만, 공업의 자본도 같은 방식으로 움직인다. 공업에서는 돈으로 원료를 사서 상품을 만든 다음, 그 상품을 팔아서 돈을 얻는다. 공업도 상업과 마찬가지로 이렇게 표현할 수 있다.

돈 → 상품 → 돈

중간 과정인 상품을 생략하면 다음과 같다.

돈 → 돈′

처음에 있었던 돈이 더 큰 가치의 돈으로 바뀌었다. 이는 분야를 불문하고 일반적인 자본을 표현하는 공식이다.

【자본론 제1권 제4장】

— '개미와 베짱이'의 이야기를 떠올려 봅시다. 개미는 여름 내내 열심히 일해서 비축한 식량을 겨울에 소비하며 살아남고, 베짱이는 여름 내내 놀기만 하다가 겨울에 먹을 것이 없어 굶어 죽습니다. 개미는 노동으로 사용가치를 만들고 그 사용가치를 스스로 소비했지만, 베짱이는 노동하지 않았기 때문에 자신에게 필요한 사용가치를 만들지 못했습니다. 너무도 익숙한 이야기지만 이 우화는 상품 교환이 전혀 존재하지 않는 세계가 전제 조건입니다.

실제 자본주의 사회에서는 반대인 상황이 많습니다. 개미는 열심히 일해도 가난한데, 베짱이는 놀면서도 부유하지요. 베짱이가 자본가라면 자본은 '돈 → 돈´'의 메커니즘에 따라 자기증식을 하는 반면, 자본이 없는 개미는 쉬고 싶어도, 몸이 아파도 일해야 합니다.

원문에서 말한 바와 같이 '돈 → 돈´' 혹은 '돈 → 상품 → 돈'은 일부 비즈니스에 국한되지 않고 모든 종류의 자본에 적용할 수 있는 연금술의 공식입니다. 베짱이는 연금술로 수중의 돈을 더 큰돈으로 불립니다. 돈이 눈덩이처럼 자기증식하므로 베짱이는 일할 필요가 없습니다.

그런데 여기서 잠깐 생각해 봅시다. 연금술의 기본 원칙은 '등가 교환'이 아니었을까요? 아무리 마법 같은 연금술이라도 처음에 투입한 양보다 많은 양이 계속해서 생성된다면 이치에 맞지 않습니다. 그 수수께끼를 풀어내는 것이 마르크스의『자본론』이 말하고자 하는 핵심 중 하나입니다.

20

유통은 가치를
창조하지 않는다

가치가 같은 상품끼리는 서로 교환되더라도 잉여가치가 발생하지 않는다. 유통, 즉 상품을 교환하는 것만으로는 아무런 가치를 창출하지 못하는 것이다.

'돈 → 상품 → 돈'처럼 더 비싼 가격에 팔기 위해 구매하는 순환 역시 유통의 영역에서 일어나는 일이다. 이러한 교환은 등가물 간의 교환인 이상 잉여가치를 창출하지 않는다.

이런 과정에서 상인이 거두는 이익은, 살 때와 팔 때 속임수를 써서 이중으로 올리는 이익일 뿐이다. 그는 생산자와 구매자 사이에 끼어든 기생충에 지나지 않는다.

돈이 자본으로 전환되는 과정도 상품 교환의 법칙이 지켜져야 한다. 그러므로 자본가는 상품을 그 가치대로 사고 그 가치대로 팔면서도 마지막에는 자신이 투자한 가치보다 더 많은 가치를 만들어야 한다.

【자본론 제1권 제5장】

━━ '돈 → 상품 → 돈'이라는 형태의 유통에서 '돈 → 상품'도 등가교환이며, '상품 → 돈'도 등가교환입니다. 그것이 유통의 법칙입니다. 자본가는 이 법칙을 지키면서도 처음 투자한 돈보다 마지막에 회수하는 돈을 더 크게 만들어야 합니다. 어떻게 하면 이런 일이 가능할까요?

보통은 '돈 → 상품'이라는 구매 과정에서 실제보다 저렴하게 사들인 다음, '상품 → 돈'이라는 매각 과정에서 구매했던 가격보다 비싸게 팔면 된다고 생각할 겁니다. 원래 가치가 1만 원인 물건을 5,000원에 사들여서 고객에게 1만 원에 파는 식이지요. 이 같은 거래가 가능하려면 생산자는 상품의 실제 가치가 1만 원이라는 사실을 모르고, 구매자 역시 판매자가 이 상품을 5,000원에 사들였다는 사실을 몰라야 합니다. 모든 사람이 정확한 가치를 알고 있다면 이런 장사는 불가능합니다.

'모두가 정확한 정보를 가지고 이성적인 판단을 내린다.'라는 것은 경제학의 기본 가정이기도 합니다. 이 가정은 다양한 사업이 자유롭게 이루어지는 현대 사회의 현실과 비슷합니다. 그렇기에 자본가는 '돈 → 상품 → 돈'이라는 유통 과정 중에서 '돈 → 상품'과 '상품 → 돈'이 모두 등가교환이 되도록 해야 합니다.

자본가는 이 법칙을 지키면서도 처음에 투자한 돈이 거래 과정을 거치면서 불어나도록 해야 하는데, 등가교환이라는 유통의 법칙상 불가능한 일처럼 보입니다.

불가능이 가능으로 바뀌는 수수께끼의 답은 다음 장에서 살펴보겠습니다.

『자본론』은 경제학인가

이 장에서는 '상품 → 돈 → 상품'이나 '돈 → 상품 → 돈' 등 경제학다운 도식이 등장했습니다. 그러나 결코 어려운 개념이 아님을 알았을 겁니다.

『자본론』은 경제학 이론을 다룬 책입니다. 원서를 직접 읽어도 복잡하고 난해해서 이해하기가 쉽지 않습니다. 수식과 계산도 많이 등장하고 분량도 2,600쪽에 달합니다. 하지만 꼼꼼히 읽다 보면 수식이나 도식에 그다지 특별한 의미가 없음을 알 수 있습니다. 이는 단지 마르크스의 주장을 논리적으로 전개하기 위한 수단일 뿐입니다.

'노동이 창출한 가치 − 노동력의 가치 = 잉여가치'
이 수식은 '노동자는 자신의 노동으로 창출한 가치보다 적은 가치의 보수를 받고, 그 차이는 자본가가 **빼앗은** 잉여가치가 된다.'라는 마르크스의 주장을 수식으로 표현한 것일 뿐입니다. 사실 현대 사회의 경제 정책에 영향을 미치는 주류 경제학 이론도 마찬가지입니다.

'경제학은 사회과학인데, 과학이란 더 엄밀한 학문 아니었나?'
하고 느낀 사람도 있을 겁니다. 당연한 생각입니다. 경제학이
란 수많은 사람이 얽혀 있는 현상을 연구하는 학문으로, 애초
에 연구 대상이 너무 복잡합니다. 현재 인간의 지적 수준으로
는 그 현상을 완벽하게 설명할 수 없습니다.

보통 경제학은 물리학이 아니라고 말합니다. 예를 들어 양자
역학에서 계산한 예측과 실험 결과를 비교하면 그 오차는 무려
100억 분의 1 이하라고 합니다. 오차가 전혀 없다고 해도 무방
한 정확도지요. 의학이나 기상학의 정확도는 훨씬 떨어집니다.
그리고 경제학의 예측력은 그보다 더 불확실합니다.

경제학은 다양한 사회 현상을 설명하기 위해 만들어진 사회과
학입니다. 복잡한 경제활동에서 규칙성을 발견하고 그 메커
니즘을 밝히는 것이 목적입니다. 그러나 지금까지 인간의 경
제활동을 완벽하게 설명하는 이론은 등장하지 않았습니다.
애초에 경제학이 물리학과 같은 수준이라면, 노벨 경제학상
수상자들이 설립하고 그들의 이론에 따라 투자한 헤지펀드
LTCM(Long-Term Capital Management)이 1998년 무려 40억 달
러를 잃고 실패했을 리 없을 테지요.

그런 까닭에 '사회과학이 진정한 과학이 될 수 있는가?'라는 비판이 끊이지 않습니다. 더 심각한 문제는 사회과학이 그 이론을 만든 인간의 가치관에서 자유로울 수 없다는 점입니다. 예컨대 '경제활동의 주체는 가장 합리적인 판단에 따라 행동한다.'라는 주류 경제학의 전제는 '인간은 이성만으로 행동하지 않는다. 시장에서도 많은 비이성적인 행위가 이루어지고 있지 않은가?'라는 주장으로 반박할 수 있습니다.

『자본론』이 주장하는 잉여가치의 개념도 증명할 수 없어 논란의 대상이 됩니다. 마찬가지로 '보이지 않는 손' 등 주류 경제학의 명제도 증명되지 않았습니다.

이는 진리냐 허위냐의 문제라기보다 학자의 가치관이 반영된 가정이라고 여기는 편이 자연스럽습니다. 『자본론』뿐 아니라 주류 경제학을 포함한 모든 경제학 이론은 특정 가치관과 철학을 바탕에 두고 있음을 이해해야 합니다. 그러므로 현대 주류 경제학은 자본가의 입장을, 마르크스 경제학은 노동자의 입장을 반영한다고 말할 수 있겠습니다.

IV
노동자가 파는 상품은 노동력이다

두부가게 주인은 두부를 상품으로 파는 게 직업입니다. 생선가게 주인은 생선을 상품으로 파는 게 직업이지요. 그렇다면 직장인은 어떨까요? 봉급생활자는 노동력을 상품으로 파는 게 직업입니다. 노동시장에서는 피고용자가 자신의 노동력을 상품으로 팔고, 자본가는 그 노동력을 사서 사업에 이용합니다. 봉급생활자가 파는 상품은 두부가게나 생선가게가 파는 상품과 성질이 다릅니다. 봉급생활자는 자신의 시간, 바꿔 말하면 자신의 삶을 자본가에게 팔고 있기 때문입니다. 이 장에서는 노동력이라는 상품과 자본의 관계를 알아봅시다.

21

스스로 가치를 창출하는
상품

돈은 단지 같은 가치의 물건을 사고 또 같은 가치의 물건을 파는 수단에 불과하다. 그렇기에 '돈 → 상품'과 '상품 → 돈'은 등가교환이다.

이를 염두에 두고 '돈 → 상품 → 돈´´'의 흐름을 살펴보자. '돈'이 '돈´´'으로 증가하는 가치 변동이 일어났는데, 이 가치 변동은 가운데의 상품이 소비되는 단계에서 일어난 것이다.

그리고 자본가들은 운 좋게도 노동력 혹은 노동능력이라는 특수한 상품을 발견했다. 노동력에는 '가치의 원천'이라는 특별한 성질이 있다. 즉 실제로 소비될 때 그 사용가치를 창출하는 독특한 속성을 지닌다.

노동력 혹은 노동능력은 소정의 사용가치를 생산하는 인간에 내재한 정신적, 육체적 능력이라고 할 수 있다.

【자본론 제1권 제6장】

━━ '돈 → 상품 → 돈'이라는 자본 변화의 흐름과 물이 얼음이 되고 또다시 물로 되돌아가는 변화를 비교해 봅시다. '물 → 얼음 → 물'의 과정에서 물의 양은 증가하지 않습니다. 물이 증가했다면 어딘가에서 물이 보충되었다고밖에 생각할 수 없습니다. 이번에는 다음과 같은 경우를 상상해 봅시다.

'A는 1만 원을 내고 열대어 10마리를 샀다. 다음 날 아침, 수조를 들여다본 A는 깜짝 놀랐다. 열대어가 10마리에서 50마리로 불어나 있었기 때문이다. 아무래도 번식해서 40마리가 늘어난 듯하다. 결과적으로 A가 산 상품은 가치가 5배로 불어났다. A는 친구에게 열대어를 전부 5만 원에 팔았다. 정리하면 이렇다. 1만 원 → 10마리 → 50마리 → 5만 원!'

도중에 무슨 일이 일어난 것일까요? A는 열대어를 살 때 열대어의 번식능력도 함께 산 것입니다. 1만 원으로 10마리를 샀을 때는 등가교환이었습니다. 5만 원에 50마리를 팔았을 때도 등가교환입니다. 즉 가치의 증가는 유통 과정이 아니라 상품(열대어) 안에서 발생한 셈입니다. 원문에서 '이 가치 변동은 가운데의 상품이 소비되는 단계에서 일어난 것'이라고 말한 부분입니다.

K a r l   M a r x

이처럼 스스로 가치를 생산하는 상품을 사면 등가교환의 법칙을 따르면서도 가치를 증대할 수 있습니다. 자본주의 체제에서는 노동자가 곧 열대어입니다. 노동자가 생산한 가치는 자본가의 부를 증대하는 수단이 됩니다. 이어서 자세히 살펴보겠습니다.

22

상품으로서의
노동력 ①

돈의 소유자, 즉 자본가가 상품으로 판매할 노동력을 찾기 위해서는 몇 가지 조건이 충족되어야 한다.

시장에서 노동력이 상품이 되기 위해서는 노동력의 판매자(노동자)가 그 온전한 주인이어야 하며, 구매자(자본가)와 법적으로 동등한 관계에 있어야 한다.

이 관계가 성립하려면 첫 번째로 노동자는 자신의 노동력을 팔때 일정 기간에 한하여 팔아야 한다. 만약 노동자가 노동력을 한꺼번에 몽땅 팔아버린다면 그는 자기 자신을 판 것이나 다름없다. 노동자는 자유인에서 노예가 되고, 그 순간 상품소유자에서 상품이 된다.

【자본론 제1권 제6장】

━━ 어떤 봉급생활자가 직장에서 굴욕감을 느끼며 노예처럼 일한다고 하더라도 그는 법적으로 노예가 아닙니다. 정해진 시간 동안만 고용되었기 때문입니다. 노예는 일평생 구속되어 일하는 반면, 자신의 의지대로 정해진 기간만 일한다면 그 일이 아무리 가혹해도 노예가 아닌 자유인입니다.

어떤 사회든 남들이 꺼리는 일을 맡아줄 사람이 필요합니다. 힘든 일, 더러운 일, 위험한 일을 해주는 사람이 없다면 사회는 존속할 수 없습니다. 과거 사회는 주인에게 완벽히 종속된 노예를 필요로 했지만, 현대에서는 자신의 의식주를 스스로 해결하는 노예를 필요로 합니다. 이 '자유로운 노예들'은 수요와 공급의 원리로 정해진 가치에 따라 자신의 노동력을 팝니다.

현대 사회에서 자신이 '완전한 노예'라거나 '완전한 자유인'이라고 단언할 수 있는 사람이 몇이나 될까요? 대신에 '타인에게 얼마나 예속되어 있는가'에 따라 지배구조를 나타낼 수 있습니다. 만약 노동자에게 사정이 있어 달리 돈을 벌 방법이 없고, 회사에 전적으로 의존해야만 한다면 이는 노예에 가까운 상태입니다. 반면 회사가 없어져도 다른 방법으로 돈을 벌 능력이 있다면 자유인에 가깝다고 할 수 있겠습니다. 법적으로는 자유인이지만 능력 부족으로 노예나 다름없는 사람이 있고, 형식상 노동자이지만 실질적으로는 자유인인 사람도 있습니다. 현대 자본주의 사회에서는 자신의 능력에 따라 자유인이 될지 노예가 될지가 결정되는 것이죠.

23

상품으로서의
노동력 ②

그리고 두 번째로, 노동자는 자신의 노동력으로 만든 다른 상품을 파는 게 아니라 자신의 노동력 자체를 팔아야 한다.

노동력 이외의 상품을 팔기 위해서는 생산수단, 즉 원료나 도구 등을 가지고 있어야 한다. 또한 상품을 판매할 때까지 생계를 유지할 수단이 필요하다. 누구도 미래의 상품으로는 생활할 수 없으며 미완성 단계의 상품은 팔 수도 없기 때문이다.

자본가는 노동력을 얻기 위해 시장에서 자유로운 노동자를 찾는다. 이때의 노동자란 자신의 능력만으로는 노동력을 현실화하지 못하는 사람, 다시 말해 자신의 능력만으로는 다른 어떤 상품도 팔 수 없는 사람이다.

【자본론 제1권 제6장】

━━ 자본의 착취 메커니즘은 모를지라도 봉급생활자라면 누구나 자신이 일한 만큼의 보수를 충분히 받지 못한다는 불만, 때론 인생을 누군가에게 **빼앗긴** 듯한 막막함을 안고 있을 것입니다.

그런 이들에게 "그렇게 불만이면 남을 위해 일하지 말고 사업을 하는 게 어떤가요?" 하고 제안해도 대부분은 '사업 자금이 없다'고 답할 겁니다. 회사나 가게를 차리려면 설비를 갖추어야 할 뿐만 아니라 생산, 영업, 세금, 회계 등 다양한 지식과 노하우가 필요합니다.

회사를 다닐 때는 다른 사람이 대신 해주던 일도 직접 사업을 하면 전부 내가 알아서 해야 합니다. 그 같은 정보나 지식이 부족한 점도 봉급 받는 일 외의 방법으로 돈을 벌지 못하는 원인 중 하나입니다. 직장인이 회사를 위해 일하는 이유는 생계를 유지할 다른 수단이 없기 때문입니다.

지인 중에 오랫동안 주유소에서 일하며 모은 돈으로 주유소를 개업해 성공한 이가 있습니다. 처음에는 돈을 벌기 위해 고용될 수밖에 없었지만, 차근차근 축적한 노하우와 자금을 이용해 자본가가 된 것이죠.

하지만 이런 사례는 극히 소수에 불과합니다. 대부분 자신의 노동력을 시장에 파는 방법 외에 어떻게 돈을 벌어야 하는지 모릅니다. 국가의 교육 시스템이 자본가보다 노동자를 키우는 데 집중된 탓도 있고, 평생 노동자였던 부모 밑에서 자라 자본가가 된다는 발상을 하지 못해서이기도 합니다. 물질적인 장벽뿐만 아니라 정신적인 장벽도 가로막고 있는 것이죠.

이런 현실 속에서 자본가는 필요한 노동력을 얼마든지 시장에서 찾을 수 있습니다.

24

노동력의
가치

우리는 노동력이라는 기묘한 상품을 좀 더 자세히 알아봐야
한다. 노동력은 다른 모든 상품과 마찬가지로 가치를 지닌다.
이 가치는 어떻게 결정되는 것일까?

노동력의 가치는 다른 모든 상품과 마찬가지로 그것을 생산하
는 데 드는 노동시간으로 결정된다. 다시 말해 노동력의 가치
는 노동자가 자기 생활을 유지하는 데 필요한 생활수단의 가
치다. 그리고 노동력을 현실화하는 방법은 오로지 노동을 통한
발휘뿐이다.

노동력을 발휘하면 인간의 근육, 신경, 두뇌가 소모된다. 따라
서 노동력을 유지하려면 음식, 의복, 집 등이 필요하다. 노동력
을 유지하기 위해 필요한 비용은 노동자가 속한 국가와 시대를
알면 대개 평균적 범위를 산출할 수 있다.

【자본론 제1권 제6장】

━━━ '빅맥지수(Big Mac index)'라는 지표가 있습니다. '맥도날드 빅맥의 가격을 기준으로 각국의 물가 수준을 비교'하는 지수입니다. 영국 경제지 『이코노미스트』가 재미 삼아 고안한 방법이었는데, 지금은 국가별 체감물가를 나타내는 대표적인 자료로 사용됩니다. 2020년 7월 기준 중국의 빅맥 가격은 3.10달러이고 노르웨이는 5.55달러입니다. 물가가 높은 노르웨이에서는 '노동력을 유지하는 데 필요한 비용'이 중국보다 많이 든다는 뜻입니다.

국가나 사회에 따라 차이는 있지만, 노동력을 유지하는 최저한의 비용은 그리 높지 않습니다. 사람은 기본적으로 밥을 먹으면 일할 수 있습니다. 미화원도 과학자도 연예인도 마찬가지입니다. 자본가는 노동력을 유지하는 데 필요한 최저한의 비용만 주고 가능한 한 많은 성과를 끌어내고자 합니다.

극단적인 사례로 월급이 최저 수준인 과학자가 희대의 발명품을 개발했다면 그를 고용한 자본가는 거의 공짜로 막대한 이익을 얻게 됩니다. 실제로 세계적인 스포츠용품 브랜드 나이키(Nike)의 로고 창작료는 단돈 35달러였습니다. 노동력의 가치와 노동결과물 사이의 엄청난 괴리를 시사하는 대표적인 사례이지요. 노동력은 적은 비용으로도 유지되는 반면 무한한 능력이 잠재해 있습니다. 노동결과물이 노동력에 치른 비용을 넘기만 하면 자본가는 이익을 얻습니다.

25

노동력과
노동

노동력이라는 상품의 기묘함은 여타의 상품과 달리 매매계약을 맺은 즉시 구매자에게 그 사용가치가 넘어가는 게 아니라는 점이다. 상품으로서 노동력의 사용가치는 구매한 후 실제 노동이 이루어져야 비로소 나온다. 노동력의 구매와 사용은 이처럼 시간적으로 분리되어 있다. 따라서 월급은 보통 계약한 시간만큼 노동이 이루어진 후에 지급된다.

다시 말해 자본가는 돈을 내기 전에 노동자의 노동력을 먼저 사용하고, 노동자는 돈을 받기 전에 노동력을 미리 빌려주는 셈이다.

【자본론 제1권 제6장】

━━ 보통의 상품은 돈을 지불하자마자 내 소유가 되어 사용가치를 누릴 수 있습니다. 자판기에서 음료수를 사면 바로 마실 수 있고 자동차를 사면 바로 운전할 수 있습니다. 그게 일반적인 상품이지요. 노동력도 자동차나 음료수 같은 상품 중 하나입니다. 차이점은 노동력을 사더라도 구매자가 바로 사용가치를 누릴 수 없다는 점입니다. 노동력의 거래 자체는 고용계약서를 씀과 동시에 성립하지만, 자본가는 일정 기간에 걸쳐 노동의 성과가 발휘되는 과정에서 사용가치를 누리게 됩니다.

노동력은 '일할 수 있는 능력'으로, 어디까지나 잠재된 능력입니다. "우리 애가 머리는 좋은데 공부를 안 해서 성적이 나빠요."라고 할 때의 '좋은 머리'도 잠재력에 불과합니다. 아무리 똑똑해도 실제 공부하지 않으면 소용이 없지요. 마찬가지로 노동력도 실제로 일하지 않으면 아무 가치도 창출할 수 없습니다.

실체가 아닌 잠재력을 사는 자본가의 입장에서는 잠재력이 실체화되기 전까지 대금을 내고 싶지 않겠지요. 고용계약서를 쓴 동시에 그달 치 월급을 주는 회사가 있다는 말은 들어본 적이 없습니다. 월급은 한 달 간 일한 노동의 대가가 아니라 잠재력인 '노동력'에 대한 보상인데, 그 잠재력을 실제로 사용하지 않으면 의미가 없으므로 월급은 후지급인 것이죠.

주류 경제학과 마르크스 경제학

공산주의 국가인 북한의 유일한 정당은 조선노동당이며, 가장
많이 발행되는 신문은 『노동신문』입니다. 그들은 왜 '노동'이라
는 단어를 즐겨 쓰는 걸까요? 공산주의는 자본주의에 대한 반
발에서 태어난 사상입니다. 공산주의 사상은 '노동만이 사회의
가치를 생산하며 이윤의 유일한 원천'이라는 노동가치론에 근
거합니다. 노동가치론은 고전학파(고전경제학파)의 창시자 애덤
스미스(Adam Smith)가 주장한 개념으로 어디까지나 가설이었습
니다. 이후 마르크스는 고전학파가 외면하던 노동가치론을 차
용해 이론의 기반으로 삼았습니다. 원문에서도 여러 번 언급되
었듯이 그는 상품의 가치는 상품 생산에 들어간 노동시간에 따
라 결정된다고 주장했습니다.

고전학파를 계승한 신고전학파는 노동가치론을 인정하지 않았
습니다. 그들은 상품의 가치는 상품이 소비자에게 제공하는 '한
계효용'에 따라 결정된다고 설명했습니다. 한계효용이란 무엇
일까요? 자판기에서 음료수를 샀다고 해 봅시다. 처음 마실 때

는 아주 맛있지만, 하나 더 마셨을 때는 처음처럼 맛있지 않습니다. 그리고 또 한 병 마신다면 어떻게 될까요? 같은 음료수인데도 점점 덜 만족스러울 것입니다. 음료수의 숫자가 증가할수록 느끼는 만족, 즉 음료수의 효용이 떨어지는 것을 한계효용이라고 합니다.

우리가 가진 돈에도 한계가 있습니다. 그리고 소비해야 할 상품은 음료수 말고도 많습니다. 그래서 우리는 전체 효용을 최대화하는 방법으로 소비하려고 합니다. 음료수 2병, 사과 5개, 쌀 500g 이런 식으로 전체 효용이 최대가 되도록 돈을 분배합니다. 모두가 이렇게 이성적인 소비를 함으로써 자연스레 수요와 공급의 균형이 유지되고 상품의 가격도 결정된다는 것이 한계효용 이론의 개념입니다.

현대의 주류 경제학이 된 신고전학파는 고전학파의 이론에 한계효용 이론을 도입한 학파입니다. '보이지 않는 손'이라는 유명한 개념은 모두가 합리적으로 행동할 때, 경제 문제가 한계효용에 따라 저절로 해결된다는 주장입니다. 그러나 현실에서는 자본주의가 폭주한 결과 빈부 격차, 거품 경제, 공황 등이 일어나 자본주의 체제가 붕괴 위기에 처하기까지 했습니다.

경제학자 존 메이너드 케인스(John Maynard Keynes)는 '시장은 수요와 공급의 균형을 저절로 맞춰 주지 않는다'고 봤습니다. 또 인간이 시장에 개입해 문제를 해결하는 방법이 옳다고 주장했습니다. 지금이야 경기가 나빠지면 재정을 투입하는 등의 정부 개입이 당연시되고 있지만, 케인스 이전의 신고전학파가 지배적이던 시대에는 모든 것을 '보이지 않는 손'에 맡기고 인간은 아무것도 하지 않는 편이 좋다고 믿었습니다. 케인스는 그런 신념을 수정한 것이죠.

현대의 주류 경제학은 신고전학파와 케인스 경제학입니다. 이들은 노동자 중심의 마르크스 경제학과 대비되어 '부르주아 경제학'이라고도 불립니다. 애초에 노동가치론은 증명하기 어려운 명제였기에 현재는 '노동가치설'이라 불리게 되었고, 마르크스 경제학도 주류가 되지 못했습니다. 이것이 마르크스 경제학이 과학보다 철학의 영역에 속한다고 평가받는 이유입니다.

V
자본주의 시스템의
노동 구조

미국의 신문 연재만화인 『딜버트(Dilbert)』는 회사라는
조직 내의 모순을 풍자한 작품으로, 다음과 같은 에피소
드가 등장합니다. 미래 세계의 인류는 기술에 통달한 똑
똑한 인류(전형적인 미래인의 모습)와 기술을 전혀 모르
는 원숭이 같은 인류(유인원 같은 모습)로 나뉘어 진화
합니다. 그런데 회사에서 똑똑한 사람들은 일반 사원으
로 일하고, 원숭이들은 회사의 경영진으로서 회의실에
서 회의를 합니다. 자본주의 시스템의 노동 구조를 신랄
하게 보여주는 에피소드입니다. 이 장에서는 자본주의
시스템에서의 노동에 대해 알아보겠습니다.

26
노동과
도구

노동과정은 다음 세 가지 기본 요소로 이루어진다.

1. 노동

2. 노동대상 (자연물, 원료 등)

3. 노동수단 (노동에 쓰이는 도구 등)

도구는 노동자와 노동대상 사이에 위치해 인간의 노동을 대상에 전달한다. 과일처럼 이미 완성된 자연물을 몸으로 수확하는 활동을 제외하면, 노동자가 처음 손에 쥐는 것은 노동대상이 아닌 도구다. 동물 가운데 도구 사용은 인간만의 특징이다. 정치가이자 과학자인 벤저민 프랭클린(Benjamin Franklin)은 인간을 '도구를 만드는 동물'이라고 정의했다.

멸종된 옛 생물을 연구하는 데 화석이 중요하듯이 유적지에서 발견된 도구는 옛 사회 형태를 연구하는 데 중요하다. 무엇이 만들어졌는가가 아니라 그것이 어떻게, 어떤 도구로 만들어졌는가가 경제적 시대를 구별하는 기준이다.

【자본론 제1권 제7장 제1절】

▬ 석기시대나 철기시대 같은 시대 구분에서 석기나 철기는 도구를 뜻합니다. 원시시대 사람이 돌로 생선을 자르는 행위와 현대의 초밥 장인이 칼로 생선을 손질하는 행위는 정교함에 큰 차이가 있으나 본질에는 차이가 없습니다. 시대는 노동의 내용보다는 도구가 무엇이냐에 따라 구별됩니다.

활자가 발명되기 이전 시대에도 책은 있었지만 그때는 일일이 손으로 옮겨 적었습니다. 책이라는 상품의 본질이 바뀐 것이 아니라 생산하는 방법이 발전한 것입니다. 컴퓨터와 프린터의 발명 역시 수작업 또는 수정이 되지 않는 타자기보다 훨씬 편리한 방법으로 문서 작성이 가능해졌다는 점에서 의미가 있습니다. 이때도 문서 자체의 본질은 바뀌지 않습니다. 제3차 산업혁명이라 불리는 3D 프린터도 기존 제품을 훨씬 쉽게 생산할 수 있다는 점에서 의미가 있지만, 만들어진 제품의 본질이 바뀐 것은 아닙니다.

도구는 노동과 원료 사이에 위치해 원료의 가치를 상품으로 전환하는 것을 돕습니다. 기술 수준이 그 효율을 결정하고 상품에 포함되는 노동가치나 상품의 가격에 영향을 미칩니다.

27

결과물이자
제품이기도 한 원료

노동과정에서 인간의 노동은 도구의 힘을 빌려 원료를 변화시킨다. 이때 노동대상과 도구는 생산수단이며, 노동은 생산행위다.

제품 형태를 한 사용가치는 노동과정에서 창출되는 결과물이지만, 그것은 다시 원료로서 노동과정에 투입될 수 있다. 그러므로 사용가치는 이전 노동과정의 결과물이자, 다음 노동과정의 생산수단이기도 하다.

【자본론 제1권 제7장 제1절】

■ 노동과정의 결과물이 또 다른 노동과정에 투입되기도 합니다. 우유는 목장의 생산물이자 그 자체로 상품이지만, 동시에 치즈나 요구르트의 원료가 되기도 합니다. 생산의 결과물인 우유가 치즈 공장에 가면 생산수단으로 활용되는 거지요.

앞서 노동과정의 세 요소가 노동, 원료, 도구라고 했는데 이 세 가지는 모두 상품입니다.

자본의 관점에서는 원료가 다른 노동과정의 결과물이든, 자연에서 채취한 것이든 상관없습니다. 생산과정이란 그저 구매한 상품으로 판매할 상품을 만드는 것입니다. 이는 와인 생산자에 비유할 수도 있습니다. 와인 생산자는 포도와 효모를 통에 넣어 적절한 장소에 보관합니다. 그러면 효모가 포도를 분해해 알코올을 생성하고 시간이 지나면 완성된 와인을 얻습니다. 와인 생산자는 직접 알코올을 생성하지 않습니다. 실제로 일한 것은 효모이며, 그는 돈을 주고 효모를 사서 포도와 섞었을 뿐이지요.

자본가에게 노동과정이란 상품을 인풋(input)하면 상품의 아웃풋(output)이 나오는 과정에 불과합니다. 인풋이 순수한 원료든, 다른 과정의 결과든 중요하지 않습니다. 그저 잉여가치를 만들기 위해 인풋과 아웃풋을 반복하는 것이죠.

28

자본가의 목적은
잉여가치를 얻는 것이다

자본가는 상품 자체의 사용가치를 위해 상품을 생산하지 않는다. 자본가가 상품을 생산하는 이유는 단지 상품이 교환가치가 체현된 것이기 때문이다.

자본가에게는 두 가지 목적이 있다. 첫째는 '교환가치가 있는 사용가치를 생산하는 것', 즉 팔리는 상품을 만드는 것이다. 둘째는 '교환가치를 생산비용보다 높은 가치로 파는 것'이다.

자본가는 가치뿐만 아니라 잉여가치를 창출하고자 한다.

【자본론 제1권 제7장 제2절】

━━ 자본가의 이익과 상품의 높은 사용가치 구현은 때론 양립할 수 없습니다. 사용가치를 중시하면 이익이 줄어들고, 이익을 최대화하려면 사용가치를 희생해야 합니다.

애니메이션 영화 「아키라」(1988)와 극장판 「슬램덩크」(1994)를 비교해 봅시다. 국제적, 역사적으로 높은 평가를 받은 쪽은 「아키라」였지만 상업성에서는 「슬램덩크」가 우세했습니다. 「아키라」의 오토모 가쓰히로(大友克洋) 감독은 이익보다 작품성을 추구하는 창작자입니다. 장인 정신으로 애니메이션의 질, 즉 사용가치를 고집해 제작에 많은 돈과 긴 시간을 들였습니다. 그결과 명작이 탄생했지만, 상업적으로는 실패했고 투자금 회수도 쉽지 않았습니다. 반면에 원작의 인기에 힘입어 상업적인 목적으로 기획된 「슬램덩크」는 애니메이션으로서의 사용가치, 즉 작품성은 평범했지만 많은 잉여가치를 낳았습니다.

애니메이션 팬들은 상업성에 치중한 작품을 비판하곤 합니다. 그러나 막상 자신의 돈으로 투자해 제작한다면 누구나 실패위험이 적은 쪽을 택하지 않을까요. 자본가가 되면 대부분 자신의 취미, 기호, 신념을 굽히고 돈을 지키는 결정을 하게 됩니다. 그야말로 '돈에 조종당하는 것'입니다.

29

면화로 면사를
생산하는 사례

원료인 면화를 이용해 면사를 생산하기 위해 노동자를 고용했다고 상상해 보자. 근무시간은 1일 6시간, 임금은 1일 3만 원, 물레의 감가상각비는 6시간에 2만 원이다. 노동자가 하루 동안 일하면 5kg의 면화에서 5kg의 면사를 생산한다. 면화 5kg의 시장가는 10만 원이고 면사는 5kg에 15만 원이다.

생산에 든 비용은 면화 10만 원, 임금 3만 원, 물레의 감가상각비 2만 원을 합친 총 15만 원이다. 생산한 면사를 시장에 들고 가 15만 원에 팔면 자본가에게는 이익이 남지 않는다.

그래서 이번에는 근무시간을 12시간으로 늘린다. 물레의 감가상각비는 1일 4만 원이 되고 면화 10kg으로 면사를 생산한다. 생산에 든 비용은 면화 20만 원, 임금 3만 원, 물레의 감가상각비 4만 원을 합친 총 27만 원이다. 이렇게 생산한 10kg의 면사를 30만 원에 판매하면 자본가에게는 3만 원의 잉여가치가 생긴다.

【자본론 제1권 제7장 제2절】

■ 『자본론』에는 복잡한 설명이 많지만 잘 읽어 보면 내용 자체는 단순합니다. 그러므로 원문이 어렵다면 이 해설 부분만 읽어도 좋습니다. 이번 사례에서 노동자는 물레(도구)를 이용해 면화(원료)로 면사를 생산합니다. 생산과정을 거쳐 면화의 가치는 면사로 전환됩니다. 물레의 가치는 쓰면 쓸수록 점점 소모됩니다. 이렇게 소모되는 물레의 가치를 나타내는 감가상각비도 빠짐없이 면사의 가치에 포함됩니다.

앞서 노동과정의 세 가지 요소가 노동, 원료, 도구라고 했는데, 이 중 원료와 도구의 가치는 그대로 상품의 가치를 구성합니다. 하지만 노동이라는 요소는 가변적입니다. 같은 급여로 9시간 동안 일을 시킬 수도 있지만, 12시간 동안 일을 시킬 수도 있습니다. 위 사례에서는 1일 치 급여로 6시간 일을 시켰을 때 잉여가치는 0원이었지만, 근무시간을 12시간으로 늘리자 3만 원의 잉여가치가 발생했습니다.

봉급생활자는 보통 1개월, 일용직 노동자는 1일 단위로 임금을 받지만, 일일 노동시간은 가변적입니다. 자본가가 손에 넣는 잉여가치는 지급한 급여의 가치와 실제 노동가치의 차이에서 발생함을 이제 알았을 것입니다. 이어서 이 구조를 더 자세히 살펴볼게요.

30

하루의
노동

고용주인 자본가는 하루치 임금을 지급했다. 그러므로 하루의 노동은 그의 소유다. 하루 노동력을 유지하는 데 드는 비용이 1/2일 치 노동이 생산하는 가치와 같다면, 노동력을 하루 사용했을 때 얻게 될 가치는 지급한 비용의 2배다.

자본가는 구매자로서 개개의 상품인 면화, 물레, 노동력에 대한 적절한 대가를 냈다. 그리고 상품의 사용가치를 소비한 다음 판매자로서 시장에 돌아와 자신이 만든 상품(면사)을 정확한 가치대로 팔았다.

그럼에도 그는 처음 투입한 돈에 3만 원의 잉여가치를 더 얻게 되었다.

【자본론 제1권 제7장 제2절】

━━ 봉급생활자들은 대체로 자신의 월급이 '1개월 치 임금'이라고 생각하며 하루에 몇 시간 일하는지는 엄밀하게 따지지 않습니다. 월급이 생활하는 데 충분하고 같은 조건에서 일하는 타인에게 뒤지지 않는다면 적절한 금액이라고 여깁니다.

여기 월급이 300만 원인 사람이 있습니다. 잔업수당이 따로 없다면 하루에 9시간 일하든, 12시간 일하든 월급은 같습니다. 사실 이 부분이 월급이라는 제도의 맹점입니다.

만약 그 월급이 하루 6시간 일한 가치라고 생각해 봅시다. 출근 후 6시간 동안은 자신의 월급에 해당하는 노동이지만, 그 이후는 자본가를 위해 일하는 셈입니다. 하루에 9시간을 일한다면 3시간은 자본가의 몫이 됩니다. 자본가는 앉은자리에서 3시간의 잉여가치를 얻는 것이죠.

하루에 12시간을 일한다면 6시간은 고스란히 자본가를 위한 노동입니다. 자본가는 6시간의 잉여가치를 공짜로 얻고 근무시간이 9시간일 때보다 2배의 잉여가치를 손에 넣습니다.

그러나 노동자는 딱히 부당한 대우를 받았다고 생각하지 않습니다. 월급이 생활을 유지하는 데 충분하고 생활이 안정되어 있다면 그만두지 않고 계속 일할 수 있습니다.

이 부분이 핵심입니다. 노동자는 그의 노동이 전부 보상되지 않더라도 내일도, 그다음 날도 계속 일할 것입니다. 자본가는 생산에 필요한 모든 상품 즉 원료, 도구, 노동력 등을 그 가치대로 구매했습니다. 그러나 생산된 상품의 가치는 생산에 들인 가치의 합계보다 증가했습니다. 그 증가분은 노동자가 무상으로 일해서 만든 것입니다.

31

노동의
두 가지 성질

생산수단(원료와 생산도구)의 가치는 노동에 의해 상품의 가치로 전환된다. 예컨대 면화와 물레의 가치는 생산의 결과인 면사의 가치로 전환된다.

'생산수단의 가치를 상품으로 전환하는 것'과 '새로운 가치를 상품에 첨가하는 것'은 노동이 가진 이중성이다. 이 두 성질은 완전히 별개로 생각해야 한다.

새로운 기술이 발명되어 면사를 생산하는 데 36시간 걸리던 것이 6시간으로 단축되었다고 하자. 이때 면사로 전환된 면화의 가치는 6배가 된다. 그러나 같은 양의 면화에 포함되는 노동의 가치는 6분의 1이 된다. 이는 노동의 두 가지 성질이 본질적으로 얼마나 다른가를 보여준다.

【자본론 제1권 제8장】

━━ 냉장고가 없던 고대 시절, 황제에게 바칠 과일빙수를 만들기 위해 알프스의 만년설을 퍼다 나르는 장면을 상상해 봅시다. 그 과일빙수의 가치는 엄청나게 높겠지요. 그에 비해 현대에는 누구나 싼값에 과일빙수를 살 수 있습니다. 둘 다 같은 과일빙수라면 사용가치는 동등합니다. 고대의 과일빙수도 현대의 과일빙수도, 원료인 얼음의 가치와 과일의 가치가 그대로 과일빙수에 옮겨져 있습니다.

그러나 고대의 과일빙수에는 현대와는 비교할 수 없을 만큼 많은 양의 노동이 포함되어 있으며, 높은 가치를 지닙니다. 그들은 과일빙수의 원료를 얻기 위해 알프스를 올랐습니다. 얼음과 과일이라는 원료의 가치를 1인분의 과일빙수로 전환한 시점에서의 사용가치는 고대의 것이나 현대의 것이나 차이가 없지만, 과일빙수를 만드는 데 들어간 노동량이 뜻밖의 가치를 더한 것입니다.

고대에 비하면 현대의 공장에서는 그다지 큰 노력을 들이지 않아도 과일빙수를 만들 수 있습니다. 공장에서 기계를 움직여 대량생산한 과일빙수 1개에는 인간의 노동력이 거의 들어 있지 않습니다. 아마 알프스를 오른 노동력의 수백만 분의 1에 불과

할지 모릅니다.

현대의 공장에서 가치가 전환되는 속도는 과거와 비교하면 천지 차입니다. 쉽게 만들어지는 만큼 원료에 첨가되는 노동의 가치는 아주 작습니다.

이로써 '가치의 전환'과 '가치의 창출'은 전혀 다름을 분명히 알 수 있습니다.

32

잉여
가치

앞선 사례에서 노동은 단지 본전을 유지하는 데 필요한 6시간
으로 끝나지 않고 12시간 계속될 수도 있었다. 노동력은 자신
의 가치를 재생산할 뿐 아니라 일정한 초과가치를 생산한다.
초과가치, 즉 잉여가치는 완성된 상품의 가치에서 상품을 만드
는 데 소비한 생산수단과 노동력의 가치를 뺀 값이다.

완성 상품의 가치 − 생산수단의 가치 − 노동력의 가치
= 잉여가치

【자본론 제1권 제8장】

━━ 인간에게는 무한한 잠재력이 있으나 그것이 항상 정당한 보상으로 이어지는 것은 아닙니다. 노동자로 일할 때는 특히 그렇습니다.

임금은 노동력에 대한 보수지만, 실제 노동이 아니라 '노동할 수 있는 능력', 즉 잠재력에 대한 보수라고 앞서 말했습니다. 그렇다면 자본가는 고용하고자 하는 사람의 잠재력을 어떻게 판단할 수 있을까요? 알 방법이 없습니다. 게임회사를 예로 들면 지금 고용하려는 사람이 나중에 초대박 시리즈를 만들 천재 창작자인지, 보통의 게임 마니아보다 조금 나은 수준의 개발자인지 일을 시켜보기 전까지 알 수 없습니다.

그래서 자본가는 '노동능력'에 큰돈을 지출하기를 꺼립니다. 극단적으로 말하면 노동능력을 유지하는 데는 의식주만 제공하면 됩니다. 어차피 노동자는 아직 일하지 않았습니다. 고용계약을 맺을 때 능력을 유지할 만큼의 보수를 약속하고 고용하면 됩니다. 필자가 아는 경영자 중에는 "회사를 그만두지 않을 정도로만 주면 된다."고 말한 이도 있었습니다. 그리고 최대한 많은 일을 시킵니다.

그렇지만 자본을 증대시키는 것은 자본가가 아니라 노동자입니다. 봉급생활자들은 늘 자신이 받는 임금 이상으로 일함으로써 자본가의 자본을 불려주고 있는 셈이죠.

33

재고관리도
생산 활동의 일부다

시간축의 선상에서 보면 생산물은 생산과 소비 사이에 위치하
므로 재고의 형태가 되는 시점이 있다.

또 생산과정과 재생산과정의 흐름상 시장에는 항상 일정량의
상품이 존재해야 한다. 그런데 상품 보관에는 추가 노동력이
필요하므로 그만큼 상품의 가격이 오르고, 그 노동력은 자본의
일부에서 유출되기 때문에 비생산적인 비용이라 할 수 있다.

사회적 노동생산성이 증가할수록 생산 규모는 확대되고 그와
함께 재고 규모도 커진다. 일정 기간 수요의 규모에 맞추어서
재고도 일정 규모를 유지해야 한다.

이 같은 상품의 정체 구간은 판매의 필요조건이다. 또한 재고
는 항상 사라지기 때문에 끊임없이 새로 만들어 둬야 한다.

【자본론 제2권 제6장 제2절】

━━ 창업하려는 사람들이 간과하기 쉬운 부분이 재고관리 비용입니다. 『자본론』제2권에서는 상품 생산과 직접 관계는 없으나 판매에 필요한 요소인 재고나 운송비 등에 관한 내용을 해설합니다. 이 요소들은 상품 가격에 반영되며, 노동력의 가치는 생산과정과 동일한 원리에 따라 상품의 가치에 첨가됩니다.

예컨대 재고관리에 많은 노동이 소요되면 그만큼 상품의 가격도 올라갑니다. 다시 말해 재고관리에 든 노동가치가 상품에 더해지는 것입니다. 그런 까닭에 재고를 줄이기 위해 많은 노력을 기울이지요. 대표적인 사례가 컴퓨터를 사용한 관리입니다. 편의점 체인은 본사 컴퓨터로 판매량을 분석해 '지점 A의 1일 담배 판매량 10갑, 지점 B의 1일 담배 판매량 70갑'과 같은 정보를 수집합니다. 그리고 지점 A보다 지점 B에 더 많은 재고를 보내서 창고에 여분의 재고가 남지 않도록 관리합니다. 생산성을 높이기 위한 방편 중 하나로 재고관리에도 최신 기술이 사용되는 것이죠.

거대 편의점 체인은 이러한 시스템을 활용해 효율적으로 운영됩니다. 수천수만 가지가 넘는 상품의 재고를 일일이 사람의 손으로 관리하고 기록하기란 불가능하기 때문입니다.

34

운송도
생산 활동의 일부다

일반적인 법칙에서 상품의 유통은 상품에 가치를 첨가할 수 없다.

그러나 상품의 사용가치는 상품이 소비될 때 나타난다. 그렇게 되기 위해서는 장소의 변화가 필요하므로 '운송'이라는 추가적인 생산과정이 필요하다.

따라서 운송업에 투하된 생산자본은 생산물에 가치를 더한다. 그 가치의 일부는 운송수단의 가치가 전환된 것이며, 다른 나머지는 운송노동이 부가한 가치가 차지한다.

운송노동이 더한 가치는 모든 자본주의적 생산과 마찬가지로 임금에 대한 부분과 잉여가치 부분으로 나눌 수 있다.

운송비의 증감에도 '노동생산성과 노동이 생산한 가치는 반비례한다.'라는 상품 생산의 일반적 법칙이 적용된다.

【자본론 제2권 제6장 제3절】

━━ 앞서 나온 이야기 '유통은 가치를 창조하지 않는다'(77쪽)에서 유통은 상품에 가치를 부여하지 않는다고 했습니다만, 그것은 유통에 비용이 들지 않을 때로 한정됩니다. 현실에서는 상품의 가치에 운송비도 포함됩니다. 아무리 맛있어 보이는 와인이라도 멀리 떨어진 프랑스에 있다면 타국의 소비자에게는 의미가 없습니다. 상품이 되려면 소비자가 있는 지역으로 운송되어야 합니다. 이때 운송도 와인이라는 상품을 만드는 과정의 일부로 작용합니다.

이는 지금까지 알아본 자본주의적 생산양식이 운송에도 그대로 적용된다는 뜻입니다. 운송도 생산수단(트럭이나 선박, 연료 등)과 노동력(운전수, 짐을 옮기는 노동자)이 필요합니다. 그리고 운송과정에서 투입된 가치보다 많은 가치를 낳는 요소는 노동력에 있습니다. 차량이나 연료는 자신의 가치 이상으로 가치를 창출하지 않으며, 그저 소모된 만큼의 가치를 상품에 첨가할 뿐입니다. 와인을 예로 들면 목적지까지 운반된 와인이라는 상품에 반영됩니다.

다만 '수입품은 연료가 많이 들어서 가격이 비싸다.'라는 결론은 옳지 않습니다. 운송과정에서 첨가되는 가치를 좌우하는 것은 어디까지나 노동력입니다. '노동력만이 잉여가치를 낳는다.'는 원리는 모든 분야에 적용할 수 있습니다.

자본주의 시스템에서의 노동

마르크스 경제학의 핵심을 요약하면 노동가치론이라는 토대 위에 잉여가치론을 얹은 개념이라고 말할 수 있습니다. 잉여가 치론이란 '오로지 노동만이 사회의 가치를 생산하며, 자본은 노 동자가 생산한 잉여가치를 통해 만들어진다.'라는 이론입니다. IV장의 '쉬어가는 자본 이야기'에서 주류 경제학은 노동가치론 을 인정하지 않는다고 했습니다. 신고전학파의 핵심이론인 한 계효용론에 의하면 효용이 최대가 되는 균형점, 혹은 수요와 공급의 균형점에서 상품의 가치가 결정됩니다. 수요가 많아지 면 가격이 올라가고 공급이 많아지면 가격이 내려갑니다. 양쪽 의 균형이 맞는 어느 지점에서 상품의 가격이 결정된다는 것입 니다. 신고전학파의 주장에 따르면 상품에 포함된 노동량은 상 품 가격을 결정하는 요소가 아닙니다.

그러나 이에 대한 반론도 있습니다. 예컨대 자동차 업계에서는 생산성이 개선되어 자동차 가격이 점점 하락했습니다. 그러나 아무리 생산량이 수요보다 많아졌어도 자동차 가격이 1,000원이 되는 일은 없습니다. 설사 과잉생산되었다 하더라도 자동차 생산에는 일정 이상의 노동량이 필요하기 때문입니다.

이는 수요와 공급뿐만 아니라 하나의 상품을 만드는 데 필요한 노동량도 가격 결정에 작용한다는 사실을 나타냅니다. 수요와 공급이 가격에 미치는 영향도 당연히 있겠지만, 상품의 기본적인 가치를 결정하는 것은 상품에 포함된 인간의 노력입니다. 노동가치론의 명제는 찬반이 갈리기는 하나, 이 결론에는 고개가 끄덕여집니다.

잉여가치론은 노동이 만들어내는 가치와 노동력의 차이에서 발생하는 잉여가치가 자본을 증대시킨다고 주장합니다. 노동가치론에 의하면 노동이야말로 부를 창출하는 유일한 원천입니다. 그러므로 자본의 증대는 노동자에게 지급하는 급여보다 그들의 노동이 생산한 가치가 클 때 발생한다고 볼 수 있습니다. 노동가치론이 성립하면 잉여가치론도 자연스레 도출됩니다.

그리고 그것이 의미하는 바는 '직원이 행복한 회사'라며 선전하는 곳도 살아남기 위해 직원에게 잉여가치를 착취하고 있다는 뜻입니다. 세계적인 검색 엔진 구글은 '사악해지지 말자(Don't be evil)'라는 사훈으로도 유명합니다. 질 좋은 구내식당과 자유로운 근무시간 등 직원 복지도 세계 제일입니다. 또 직원들이 최고의 프로그래머임을 존중해 업무시간의 20%를 회사 일이 아닌 자신이 하고 싶은 연구에 할애하는 것을 허용하고 있습니다.

그야말로 엔지니어의 천국이지만 잘 생각해 보면 그 모든 게 회사의 이익을 위한 것입니다. 20%의 자유로운 연구시간을 허용하는 이유는 구글이 좋은 회사라서가 아니라 자유시간에 연구한 성과도 회사의 상품이 되기 때문입니다. 어차피 프로그래머들은 업무시간 이외에도 스스로 다양한 연구를 하는 경향이 있습니다. 그 사실을 알고 있는 구글은 연구성과를 회사의 잉여가치로 흡수했을 뿐입니다.

지메일, 크롬, 구글맵, 안드로이드, 구글애즈 등 현재 구글의 핵심 서비스와 자산 대부분은 20% 룰의 결과물입니다. 직원 전체를 자본가의 소유물로 만드는 영리한 정책인 것이죠. 자본주의 시스템에서 일한다는 것은 자신이 노동한 결과가 타인의 소유가 된다는 뜻입니다.

VI

우리는 왜
자본의 노예가 되는가

어릴 적 축구를 좋아하던 소년이 어른이 되어 프로선수
가 되었다고 상상해 봅시다. 그는 프로선수이기에 무릎
이 조금 아프더라도, 의욕이 나지 않는 날이라도 시합에
나가야 합니다. 팀과의 계약도 있고 입장료를 내고 시합
을 보러 온 관객들도 있기 때문입니다. 과연 그는 예전
처럼 축구를 사랑할 수 있을까요? 돈이 얽히면 우리는
마치 돈에 조종당하는 것처럼 행동합니다. 어릴 적 동경
하던 직업이 어른이 되면 괴로운 일로 바뀌는 이유는 모
든 것이 자본의 법칙에 따라 움직이기 때문입니다. 이
장에서는 인간을 옭아매는 자본의 구조를 알아봅시다.

35

불변자본과
가변자본

생산수단인 원료와 도구는 생산과정에서 가치량이 변하지 않는다. 자본 중에서 가치의 변동이 없는 부분. 나는 이것을 '불변자본'이라고 부른다.

반면 자본의 다른 요소인 노동력은 생산과정에서 가치가 달라진다. 노동력은 자신의 등가물을 재생산하고, 잉여가치를 만들어낸다. 이 잉여가치는 상황에 따라 변동한다. 자본의 가변적인 부분. 나는 이것을 '가변자본'이라고 부른다.

【자본론 제1권 제8장】

━━ 가변자본이란 글자 그대로 가치가 변동할 수 있는 자본입니다. 생산과정 중에서는 노동력이 그에 해당하지요.

비유하자면 얼음이 녹으면 물이 되고 물이 얼면 얼음이 되는데, 이 과정에서 물의 양은 변하지 않으므로 불변적입니다. 그러나 쌀은 땅에 뿌리면 벼가 성장해 쌀알의 수가 불어납니다. 그러므로 쌀의 성질은 가변적입니다.

농가가 씨앗을 사서 그보다 훨씬 많은 수의 곡물을 거두어들이듯 자본가는 노동의 씨앗, 즉 노동력을 사서 그보다 훨씬 높은 가치의 상품을 생산합니다. 농가가 곡물을 불릴 수 있는 이유는 그들이 산 것이 씨앗이기 때문입니다. 마찬가지로 자본가가 잉여가치를 통해 자본을 불릴 수 있었던 이유도 그들이 산 것이 노동의 '씨앗'이기 때문입니다. 거듭 말했듯이 노동의 씨앗이란 노동 자체가 아니라 노동할 수 있는 잠재력입니다.

예를 들어 제약회사가 구매한 캡슐이나 약품 등의 원료에서 얻게 될 기대가치는 구매한 가격을 초과하기 어렵습니다. 회사에서 산 A4용지나 볼펜 역시 구매한 가격 이상의 가치를 가져다주지 않습니다. 그러나 회사가 고용한 연구원이 획기적인 신약을 개발한다면 그 성과와 권리는 모두 회사의 소유가 됩니다.

회사는 거의 공짜로 노동의 성과를 누리는 것이죠. 이처럼 극단적인 사례가 아니더라도 피고용자가 만들어내는 노동생산물은 항상 임금의 가치를 넘어섭니다.

36

잉여
가치율

자본은 생산수단에 투자된 불변자본과 노동력에 투자된 가변
자본, 이 두 가지 요소로 구성된다.

5,000만 원의 자본에서 4,000만 원을 불변자본, 1,000만 원을
가변자본에 투자했다고 치자. 그 결과 2,000만 원의 잉여가치
가 발생했다면 처음에 있던 자산이 5,000만 원에서 7,000만 원
으로 증가한 셈이다. 여기서 1,000만 원의 노동력이 2,000만
원의 잉여가치를 창출했다.

잉여가치를 가변자본으로 나눈 수치를 백분율로 나타낸 것을
'잉여가치율'이라고 한다.

잉여가치율 = 잉여가치 ÷ 가변자본

잉여가치율은 자본이 노동력을 착취하는 비율을 정확히 나타
낸다. 예시에서 1,000만 원의 노동력(가변자본)이 2,000만 원의
잉여가치를 생산했으므로 잉여가치율은 200%다.

【자본론 제1권 제9장 제1절】

━━ '재주는 곰이 부리고 돈은 되놈이 먹는다.'라는 속담이 있습니다. 서커스에서 재주를 부리는 쪽은 곰과 같은 동물인데 돈을 버는 쪽은 인간입니다.

자본주의 시스템도 이와 비슷합니다. 일은 노동자가 하지만 그보다 훨씬 많은 돈을 버는 것은 전혀 일하지 않는 자본가입니다. 이는 '착취'라고 표현해도 좋을 것입니다. 그저 우리가 의식하지 못할 뿐입니다. 착취의 정도는 임금과 비교해서 얼마나 많은 잉여가치가 생산되었는가로 결정됩니다.

'잉여가치율'은 가변자본에 대한 잉여가치의 비율로, 착취의 정도를 나타냅니다. 월급이 500만 원인 봉급생활자의 노동으로 자본가가 한 달에 250만 원의 잉여가치를 얻었다면 잉여가치율은 50%가 됩니다. 월급을 250만 원으로 줄이거나 근무시간을 연장해서 500만 원의 잉여가치를 얻으면 잉여가치율은 100%로 늘어나겠지요.

'직원은 가족이다.'라고 단언하는 경영자는 세상에 많지만, 자본가로서는 급여를 줄이거나 노동시간을 늘리는 등 노동자에게 부담을 전가해 잉여가치율을 높여야 합니다. 자본가의 일은 오직 계속해서 잉여가치율을 높이는 것이기 때문입니다.

37

잉여노동과 필요노동
그리고 자본축적

하루 임금이 3만 원인 노동자가 6시간 동안 3만 원의 가치를 생산한다고 가정해 보자. 노동자가 하루에 12시간 일한다면, 전반 6시간의 노동은 자본가가 투자한 임금 3만 원을 메우는 데 쓰인다. 나는 이 노동을 '필요노동'이라고 부른다.

그리고 그 후의 노동으로 만들어내는 가치는 잉여가치가 된다. 후반 6시간의 노동은 오로지 자본가를 위한 노동이다. 나는 이 노동을 '잉여노동'이라고 부른다. 잉여가치는 잉여노동이 체현된 결과다.

【자본론 제1권 제9장 제1절】

━━ 어느 직장인의 하루 노동시간이 12시간이라고 가정해 봅시다. 그중 5시간이 자신의 생활수단 유지를 위해 일하는 시간이고 나머지 7시간이 회사의 잉여가치를 위해 일하는 시간이라면, 앞의 5시간은 '필요노동'이고 뒤의 7시간은 '잉여노동'입니다. 자본가의 관점에서는 출근 후 5시간 동안은 직원의 하루치 임금에 쓴 자산을 회수하는 시간이며, 그 후는 오로지 자본 증대를 위한 시간입니다.

그러므로 하루에 몇 시간 근무하느냐가 중요합니다. 야근 등 장시간 노동을 강요하는 회사는 직원에게서 최대한 많은 잉여가치를 뽑아내는 것이 목적입니다. 단순히 자본가가 나쁜 사람이라서가 아니라 잉여가치를 낳지 않으면 회사가 살아남을 수 없기 때문입니다.

우수한 복지제도와 충분한 휴식을 제공하는 이유도 마찬가지입니다. 경영자가 좋은 사람이라서가 아니라 잉여가치를 높이는 방법이 다를 뿐입니다. 직원의 몸 상태가 좋을수록 잉여노동의 효율을 높일 수 있기 때문입니다. 학생 시절 피곤한 상태로 밤새워 공부했어도 정작 별 효과가 없었던 기억이 있을 겁니다. 우화 '북풍과 태양'처럼 강한 바람을 택할지 따뜻한 햇빛을 택할지는 경영자의 방침에 달려 있습니다. 어느 쪽이든 목적은 단 하나, 외투를 벗게 하는 것입니다.

자본가의 목적은 오로지 잉여가치뿐입니다. 잉여노동의 결과인 잉여가치는 다시 자본으로 전환되어 규모를 증대시킵니다. 이것을 '자본축적'이라고 합니다.

38

협업의
구조

협업은 수많은 노동자가 계획에 따라 함께 일할 때 이뤄진다. 하나의 생산과정에서 수행하는 협업도 있지만, 다른 생산과정 간에 이루어지는 협력도 협업에 해당한다.

협업은 노동과정이 진행되는 시간을 단축할 수 있다. 많은 돌을 사다리 위로 운반하는 장면을 상상해 보자. 한 사람씩 돌을 들어 나를 때보다 여러 사람이 줄지어 앞사람에게 넘겨주면 작업이 훨씬 빨리 끝난다.

곡물 수확처럼 정해진 시간 안에 끝내야 하는 작업도 마찬가지다. 혼자 했을 때 1,200시간 걸리는 작업이라면 하루 12시간을 일해도 100일이 소요된다. 만약 100명의 노동자가 있다면 12시간 만에 마칠 수 있다.

【자본론 제1권 제13장】

━━ 원문에서는 돌 운반이나 곡물 수확을 예로 들었는데, 현대 사회의 회사에서도 협업은 아주 중요합니다. 한 번쯤 경험한 적 있겠지만, 팀을 편성하고 업무를 분담하면 문제 해결에 드는 시간이 단축된다는 이점이 있습니다. 혼자서는 해결하기 힘든 문제가 발생했을 때도 같은 사무실 동료 중 누군가는 해결방법을 알고 있습니다.

이처럼 협업은 노동자에게 이로운 방법이지만 지나치게 익숙해지면 혼자서는 일하지 못하게 될 우려가 있습니다. 예컨대 인형 공장에서 인형의 눈을 붙이는 작업만 해 온 사람은 공장을 그만두면 인형을 만들 수 없습니다.

협업 시스템에서는 전체 작업을 작고 단순한 노동으로 쪼개어 개개의 노동자에게 할당합니다. 그리고 한번 특정 작업을 담당하면 여간해서는 다른 작업을 맡기지 않습니다. 해당 작업의 숙련자를 굳이 다른 담당자로 바꿀 이유가 없기 때문입니다. 이 방식은 효율적이지만 노동자 개인을 서서히 조직의 톱니바퀴로 바꿔 나가는 구조이기도 합니다.

39

부분
노동

평생 한 가지 작업만 수행한 노동자는 빠른 속도와 생산성을 갖는다. 이처럼 하나의 특수한 작업에만 특화된 '부분노동자'는 다른 일을 전혀 하지 못하는 결함투성이의 사람이지만, 협업 시스템의 일부로서는 완벽한 부품이 된다.

그래서 자본가는 일반적인 노동자보다 한 가지 작업에 특화된 노동자를 더 선호한다. 그로 인해 작업은 더 많은 전문 분야로 나눠지고 분업은 심화된다.

분업은 자본주의가 태어나기 이전부터 존재해왔다. 그럼에도 자본주의에서 분업이 더욱 특별한 이유는 그 목적이 잉여가치와 잉여가치율을 증대하는 데 있기 때문이다.

【자본론 제1권 제14장】

━━ 분업의 역사는 자본주의의 역사보다 훨씬 오래되었습니다. 고대 문명이 남긴 이스터섬의 모아이 석상을 보면, 수많은 사람의 분업 없이는 나올 수 없는 결과물임을 짐작할 수 있습니다. 당시에는 황제와 같은 권력자가 자신의 힘을 과시하기 위해 노동력을 동원했습니다. 사람들은 기본적인 생활을 유지하는 데 필요한 시간을 제외하고 황제에게 인생을 바친 셈입니다.

황제는 국민의 잉여노동이 만든 생산물을 누렸습니다. 국민이 생산한 잉여가치는 황제의 소유가 되었는데 그 가치는 어디까지나 사용가치였습니다. 국민이 바친 진귀한 과일, 국민을 동원해 세운 건물과 석상 등은 그 자체의 **사용가치를 위해** 생산된 것입니다.

현대 자본주의 시스템에서 사람들이 생산한 잉여가치는 사용가치가 아니라 교환가치에 의미가 있습니다. 자본가는 자신이 고용한 사람들이 생산한 잉여가치를 교환가치로 누립니다. 그러므로 자본가의 관심은 '무엇이 생산되었는가'가 아니라 '얼마나 많은 잉여가치가 생산되었는가'에 있습니다. 자본주의 시스템에서 분업의 목적은 고대와는 달리 잉여가치의 양을 증대시키는 것이지요.

40

분업과
예속

분업이라는 시스템 안에서는 개개의 작업이 단순해지고 노동력의 가치도 낮아진다. 복잡한 기술을 배울 필요도 없고 노동력을 유지하는 데 드는 비용도 저렴해지기 때문이다. 이렇게 노동력의 가치가 낮아지면 잉여가치가 증대하고, 그것은 자본의 이익으로 돌아간다.

자본가는 가능한 한 많은 잉여가치를 생산하고 노동력을 최대한 이용하기를 원하므로 대량생산을 지향한다.

자본주의 시스템의 분업은 노동자의 능력을 세분화하기 때문에 개인의 정신적, 육체적 능력은 제한되어 간다. 노동자는 결국 자신의 전문 기능을 수행하기 위해 자본가에게 의존하게 된다.

【자본론 제1권 제14장】

━━ 완전한 분업 시스템에서 부분노동자는 자신들이 무엇을 만들고 있는지 알지 못하며, 자본가도 무엇이 만들어지는지에는 관심이 없습니다.

자동차 공장의 노동자는 자신이 담당하는 공정에서는 전문가가 되지만, 노동과정에서 자동차 전체에 대한 정보를 얻을 수는 없습니다. 지인에게 "이 회사 다니니까 제품에 대해 잘 알지 않아?" 하고 물었더니 "부서가 달라서……"라는 대답이 돌아온 적 없나요?

분업이라는 시스템은 오래전부터 있었지만, 잉여가치를 최대한 생산하기 위해 분업이 이용되기 시작한 것은 자본주의가 처음입니다. 자본주의 시스템 안에서는 각자가 다른 층에 고립되어 있는 것처럼 전체가 보이지 않습니다.

자동차 회사의 자본가임에도 자동차를 잘 아는 사람은 드물고, 자동차를 만드는 노동자도 마찬가지입니다. 엔진 분야를 잘 아는 기술자는 디자인에는 문외한입니다. 전체를 이해하고 있지 않은 사람들이 모여서 오로지 잉여가치의 창출을 목표로 협력하는 것입니다.

래리 엘리슨(Larry Ellison)은 세계적인 데이터베이스 기업 오라

클(Oracle)의 회장입니다. 그는 2018년 기준 584억 달러라는 천문학적인 자산을 보유하며 경제지『포브스』가 발표한 세계 부자 순위 5위에 올랐습니다. 그러나 그를 잘 아는 이들은 이렇게 말하곤 합니다. "그는 데이터베이스처럼 따분한 일에는 관심이 없어요."

데이터베이스 기업의 설립자가 데이터베이스에 관심이 없다니 언뜻 문제가 있어 보이기도 합니다. 하지만 노동과 소유의 분리, 분업 시스템 등 지금까지 살펴본 내용을 종합해 보면 그리 특별한 사례가 아님을 알 수 있습니다.

41

노동자의 역할은
잉여가치의 생산

사람은 자신을 위해 일할 때는 모든 것을 스스로 통제해야
한다.

그러나 분업 시스템 속에서는 타인의 통제를 받는다. 그저 조
직의 톱니바퀴가 되어 어떤 부분의 기능만 완수하면 된다.

자본주의적 생산은 단순히 상품을 생산하기 위함이 아니다. 그
본질은 잉여가치를 만들어내는 것이다. 노동자는 자신을 위해
사용가치를 생산하는 것이 아니라, 자본가를 위해 잉여가치를
생산한다.

노동자는 자본의 자기증식을 위해 일하는 것이다.

【자본론 제1권 제16장】

━━ 인형을 몹시 좋아하는 한 여성이 인형 공장에 취업했습니다. 그녀는 취미로 인형을 만들 만큼 솜씨가 좋았지만 일할 때는 그 자질을 발휘할 수 없습니다. 공장에서는 인형의 제작 과정을 잘 아는 사람은 필요없습니다. 그저 단순노동을 수행할 사람을 고용했을 뿐입니다. 그녀가 맡은 일은 곰 인형에 눈과 코를 붙이는 작업이었습니다. 그녀는 눈과 코를 정확한 위치에 붙여 예쁘게 만들고자 노력했습니다. 그러나 공장의 목적은 완벽한 곰 인형을 만드는 것이 아니라, 가능한 한 빨리 많은 인형을 생산해 잉여가치를 최대화하는 것입니다.

그녀는 결국 잉여가치 생산이 목적인 공장 시스템에 통제되기 시작합니다. 눈과 코의 위치가 조금 비뚤어져도 상관없습니다. 소비자에게 불만을 듣지 않을 정도라면 사소한 실수는 넘어가게 됩니다. 조금이라도 빨리 생산하는 편이 이윤을 남기는 데 도움이 되기 때문입니다. 이런 상황이 몇 년간 계속되었습니다. 이제는 인형을 사랑하던 예전의 그녀가 아닙니다. 공장의 부품이 되어 가능한 한 빨리 눈과 코를 붙이고 최소한의 품질로 제품을 만들 뿐입니다. 그녀에게 인형의 사용가치란 더는 의미가 없습니다.

공장 노동자인 그녀는 자본을 불리기 위해 잉여가치를 생산하는 기계의 일부일 뿐입니다.

42

사회의
잉여가치

사회의 발전 정도가 높든 낮든, 노동생산성은 물리적 조건에 좌우된다. 여기서 그 조건이란 노동의 주체인 인간의 기질과 인간을 둘러싼 자연환경이다.

자연환경이 풍요로울수록 인간은 자신의 생존을 위해 일해야 하는 시간이 적어진다. 그에 따라 타인을 위해 잉여가치를 생산할 시간이 확보되고 문명의 발달로 이어진다.

문명의 태동에는 자연 조건이 특히 중요하다. 고대 이집트에서 거대한 건축물이 세워질 수 있었던 까닭이 인구가 많아서라고 생각하기 쉽지만 사실 그렇지 않다. 이집트 사람들은 풍요로운 자연환경 덕분에 자신의 생활을 유지하고 아이를 기르는 데 큰 비용이 들지 않았다. 그만큼 시간적 여유가 생겼고 거대한 건축물을 세우는 데 노동력을 제공할 수 있었다.

【자본론 제1권 제16장】

━━ 이집트 문명, 메소포타미아 문명, 인더스 문명, 황하 문명을 세계 4대 문명이라고 하지요. 이 위대한 고대 문명은 모두 따뜻한 강변에서 탄생했습니다.

기후가 온화한 지역의 사람들이 특별히 우수해서가 아닙니다. 원문의 내용처럼 개인이 생계를 유지하는 데 큰 노력이 필요하지 않고 사회를 위해 일할 여유가 있었기 때문입니다. 배가 고프면 근처 나무에서 열매를 따 먹으면 해결되는 비옥한 곳에서는 생을 유지하기 위해 기를 쓰고 일할 필요가 없습니다. 반면 매일 같이 눈보라가 몰아치는 시베리아에서는 하루 대부분을 자신의 생명을 유지하는 데 써야 합니다. 추운 나라의 황제는 거대한 건축물을 짓기 위해 노동력을 동원하려고 해도 까마득한 시간이 걸리거나, 그 전에 국민 대부분이 굶어 죽고 말 것입니다.

요점은 고대의 따뜻한 나라와 추운 나라의 차이점은 생산성에 있다는 것입니다. 과일이 지천에 널린 남국이 눈보라 속에서 야생의 짐승을 상대해야 하는 북국보다 쉽게 식량을 구할 수 있습니다. 다시 말해 남국의 생산성이 더 높습니다.

그리고 현대 사회에서는 자연환경이 아닌 기술 수준 등에 따라 생산성이 결정됩니다. 기술을 활용하면 식량 생산은 물론 생활 비용, 양육비용도 낮아집니다. 그 결과 현대인은 비교적 낮은 비용으로 생활을 유지할 수 있습니다. 그리고 풍요로운 남국의 고대인이 남은 시간에 황제를 위해 일했듯 현대인은 잉여노동 으로 자본가의 부를 불려주고 있는 것이죠.

43

가변자본 순환의
사회적 고찰

자본의 순환주기가 짧을수록 화폐로 투하한 가변자본이 더 빠르게 화폐로 재전환된다. 따라서 자본의 순환주기가 짧을수록 투하한 자본 규모에 비해 자본가가 얻는 잉여가치의 양이 상대적으로 커진다.

자본의 순환주기가 짧으면 이처럼 잉여가치가 증대하므로 같은 자본을 투하해도 생산 규모는 점점 확대된다.

생산 규모를 유지한 채로 자본의 순환주기가 짧아지면 어떻게 될까? 더 적은 노동으로 같은 양을 생산할 수 있으므로 가변자본 투하액이 줄어든다.

【자본론 제2권 제16장 제3절】

━━ 패스트푸드 체인점인 맥도날드에 비치된 의자가 불편한 이유는 고객이 빨리 자리를 뜨게 하기 위함이라고 합니다. 사람들은 처음에는 의자의 불편함을 의식하지 않습니다. 그러나 주문한 햄버거를 다 먹어갈 때쯤 왠지 모를 불편함을 느낍니다. 결국 '슬슬 나갈까?'라는 생각이 들고 자리에서 일어서지요. 그 자리에는 다시 새로운 손님이 앉습니다. 이런 순환이 빨라질수록 가게의 매출도 올라갑니다. 만약 의자가 푹신하고 편해서 계속 앉아 있고 싶어진다면 어떨까요? 순환이 더뎌지고 맥도날드의 매출은 떨어질 것입니다.

원문에서 말하는 '자본의 순환주기'도 마찬가지입니다. 생산한 상품이 빨리 화폐로 전환될수록 자본에 유리하다고 하는데 그밖에도 좋은 점이 있습니다. 만약 생산한 뒤 1년이 지나야 팔리는 물건이라면 자본가는 노동자에게 지급한 임금을 1년 후에 회수하는 셈입니다. 반면에 생산하자마자 팔리는 물건이라면 노동자에게 지급한 임금을 즉시 회수할 수 있습니다. 원문에서 '화폐로 투하한 가변자본이 더 빠르게 화폐로 재전환된다.'란 이런 상황을 가리킵니다.

그래서 자본가는 자본의 순환주기를 짧게 만들기 위해 여러 가지 노력을 합니다. 같은 노동력과 생산수단을 투자해 더 많은 잉여가치를 낳고 생산성을 높이는 방법을 모색하는 것이요.

개인의 예속은 사회의 이익

우리의 인생에는 수많은 선택지가 있습니다. 어디서 무슨 일을 하건 개인의 마음입니다. 자유롭게 선택할 수 있다는 것은 당사자에게 좋은 일이지만 사회 전체, 특히 자본가에게는 사실 달갑지 않은 일입니다. 고도로 발달한 분업 사회에서는 분야마다 특화된 인재가 있는 편이 사회 전체의 이익에 도움이 되기 때문입니다. 개인이 제각각으로 행동하면 시스템을 유지하기 어렵습니다.

이러한 사회적 배경은 사람들의 도덕 의식에도 영향을 미치고 있습니다. 우리는 개인이 손해를 보더라도 사회 전체의 이익이 되는 행동이라면 무조건 칭찬하곤 합니다. 자신의 이익을 희생하더라도 사회를 위해 헌신해야 한다고 어릴 적부터 교육받은 결과지요.

2002년 일본 시마즈 제작소에서 근무하던 다나카 고이치(田中耕一)는 생체고분자의 질량과 입체구조를 해석하는 방법을 개발한 공로 등을 인정받아 노벨 화학상을 받았습니다. 평범한 직장인의 노벨상 수상 소식에 일본 전체가 흥분으로 들끓었습니다. 그는 노벨상 수상이 결정된 당일도 상사에게 야단을 맞았다며 농담을 했습니다. 천생 과학자인 그의 관심은 오로지 연구인 듯 보였습니다. 사내 승진, 좋은 직장, 고액 연봉에는 눈길도 주지 않고 오로지 자신이 전공한 분야의 연구에만 몰두했습니다. 노벨상을 받은 후에도 그는 현장에 남아 연구를 계속하는 길을 택했습니다.

이러한 다나카의 태도는 청색 발광다이오드(청색 LED)를 발명한 나카무라 슈지(中村修二)와 자주 비교됩니다. 나카무라는 1993년 니치아 화학공업에서 근무하던 중 청색 발광다이오드를 발명해 2014년 노벨 물리학상을 받았습니다. 지금은 디스플레이, 레이저 기기, 휴대폰 등에 필수로 들어가는 LED지만 당시는 빛의 삼원색인 빨간색, 초록색, 파란색 중에서도 파란색을 만드는 게 매우 어려웠습니다. '20세기 안에는 개발할 수 없다'는 것이 과학자들 사이의 정설이었습니다.

그러나 나카무라는 발명에 성공했고 노벨상감의 발명이라며 금세 화제가 되었습니다. 그의 발명 덕분에 LED로 모든 색을 만들 수 있게 되자 새로운 LED 시대가 열렸습니다. 회사는 특허로 막대한 이익을 얻어 형광등을 만들던 중소기업에서 연간 매출이 1조가 넘는 대기업으로 급성장했습니다.

문제는 나카무라가 회사의 성장에 공헌한 대가로 받은 것이 고작 개발보상금 20만 원 정도였다는 사실입니다. 미국의 과학자들은 그에게 '슬레이브 나카무라'라는 별명을 붙이기도 했습니다. 결국 나카무라는 회사를 상대로 소송을 걸었고 그에게 84억 원을 지급하라는 판결이 내려졌습니다. 이 일은 일본식 평등주의의 폐해와 이공계의 위기를 상징하는 사건으로 화제가 되었지만, 그와 별개로 나카무라의 행동은 일본인의 미덕에 어긋나는 것이었습니다.

언뜻 다나카가 나카무라보다 '착한 사람'으로 보입니다. 하지만 정말 그럴까요? 그러한 관점은 개인을 하나의 전문 분야에 몰두하게 해 성과를 빨아들이고, 통제하기 쉬운 사회를 만들고자 하는 지배계급의 이해관계와 일치합니다. 무사나 기사가 주군을 위해 목숨을 바치는 것이 당연하다고 여겼던 이유도 그렇게 생각하도록 끊임없이 교육받았기 때문입니다.

어쩌면 현대의 가치관이나 사고방식은 미래 사람들의 눈에 기이하게 비칠지 모릅니다. 그들은 "왜 자본가에게 지배당하는 것을 미덕이라고 생각했을까?"라고 물을지도 모르겠습니다.

VII

우리는 왜 부자가 되지 못하는가

언젠가 녹초가 된 직장인들을 주제로 한 사진을 본 적이 있습니다. 비참한 정도까지는 아니더라도 고생한 것에 비해 너무 적은 보상을 받으며 살아가는 평범한 사람들의 모습은 보는 이들에게 깊은 공감을 불러일으켰습니다. '성실하게 노력하면 반드시 성공한다.'라는 어릴 적 배움이 틀렸다는 사실을 어른이 되면 깨닫습니다. 사실 자본주의 시스템 안에서는 어릴 적 교육받았던 방법만으로는 부자가 될 수 없습니다. 이 장에서는 그 구조적인 이유를 살펴보겠습니다.

44

노동의 결과는
자본가의 것

노동의 결과물은 그것을 생산한 노동자가 아니라 자본가의 소유물이다. 노동자가 자본가의 작업장에 들어간 순간, 그가 가진 노동력의 사용가치는 자본가의 소유가 된다. 다시 말해 노동자가 노동력을 사용하는 행위, 즉 노동은 자본가의 것이다.

자본가의 관점에서 노동과정이란 자신이 구매한 노동력이라는 상품과 원료의 상호작용일 뿐이다. 마치 효모가 포도를 발효시켜 와인을 만들듯이 자본가가 구매한 물건 간의 상호작용으로 상품이 만들어진다. 그리고 그렇게 생산된 상품은 자본가의 소유물이 된다.

【자본론 제1권 제7장 제1절】

━━ 게임에 별 관심이 없더라도 '팩맨(Pac-Man)'이라는 이름은 들어본 적 있지 않나요? 실제로 게임 역사상 가장 많이 팔린 아케이드 게임으로 기네스북에 올라 있습니다. 이 말에 '팩맨 개발자는 돈방석에 앉았겠군.'이라고 생각할지도 모르겠습니다. 그러나 개발자인 이와타니 도루(岩谷徹)는 게임 매출에 대한 보수를 전혀 받지 않았다고 발언한 적이 있습니다. 물론 이와타니는 공적을 인정받아 발매 회사인 남코(Namco)의 임원이 되었습니다. 하지만 세계적으로 흥행한 게임의 개발자가 그에 합당한 금전적 보상을 받지 못한 것은 불합리한 일로 보입니다.

어째서 그는 어떤 금전적 이익도 얻지 못했을까요? 이유는 이와타니가 피고용자였기 때문입니다. 회사는 고용계약에 따라 보수를 지급하고 노동력을 샀습니다. 하지만 이 계약은 입사 후에 얼마나 대단한 게임을 만들지 예상하고 맺은 게 아닙니다. 물론 회사는 대박을 터뜨린 게임 개발자에게 고액의 상여금을 지급할 수도 있지만, 별도의 계약이 없는 한 지급 여부는 도의적인 문제일 뿐 의무 사항은 아닙니다.

노동과 소유의 분리는 모순적으로 보일 수 있지만, 자본주의의 본질을 나타냅니다.

45

임금 ①
노동력에 대한 보수

시장에서 노동자가 자본가에게 파는 것은 노동력이다.

노동이란 실제 일을 시작했을 때 노동력에 의해 만들어지는 것이므로 노동자가 직접 노동을 판매할 수는 없다.

노동은 실재하며 상품에 내재된 가치의 척도가 되지만, 그 자체는 가치를 갖지 않는다. 여러 경제학자가 말하는 '노동의 가치'라는 것은 사실 '노동력의 가치'다. '노동의 가치'라는 표현은 불합리하다.

그리고 자본가는 노동력에서 잉여가치를 창출해야 하므로 노동력의 가치는 노동이 만들어내는 가치보다 항상 작아야 한다.

【자본론 제1권 제19장】

━━ "100만 원만 주면 뭐든지 하겠습니다!" 몹시 곤궁한 어떤 청년이 부자에게 이렇게 사정했다고 가정해 봅시다.

"그래? 그럼 계약을 합시다." 청년의 말에 부자는 '100만 원을 받는 대신 피고용자는 일주일 동안 무엇이든 시키는 대로 한다.'라는 내용으로 계약을 맺었습니다. 그 후 부자는 자칫 목숨이 위험해질 수도 있는 신약 생체실험의 피험자가 될 것을 청년에게 지시했습니다. 그런 일까지 하겠다고 한 건 아니었다며 청년은 거부하려고 했지만 이미 엎질러진 물이었습니다. 계약대로 할 수밖에 없었지요.

실상 그 실험은 너무 위험해서 1주일의 참가 보상금이 1억 원이었고, 결과적으로 부자는 100만 원을 투자해 100배의 돈을 회수했습니다. 부자가 산 것은 '일주일 동안 무조건 지시에 따르겠다.'라는 약속입니다. 청년은 계약 당시 아직 아무것도 하지 않았으나, 무엇이든 할 예정이었습니다. 부자는 실제 노동이 아니라 '무엇이든 할 수 있는 노동력'을 산 셈이지요.

계약을 맺은 일주일간 청년의 노동은 자신의 것이 아닙니다. 청년이 무슨 일을 하건 결과물은 모두 부자의 소유가 되지요. 이때 청년이 받은 돈은 실제 노동에 대한 보수가 아닙니다.

노동력과 노동생산물의 가치는 다릅니다. 그 차이에서 발생하는 이익은 몽땅 자본가의 것이 됩니다. 극단적인 사례이긴 하지만 노동자가 착취되는 구조 자체는 이와 비슷합니다. 표면상임금이 노동의 가치를 나타내는 듯 보이지만, 실제 보수는 그보다 낮습니다. 그리고 그 사실은 교묘히 은폐되어 있습니다.

46

임금 ②
지불노동과 부불노동

어느 노동자의 하루 노동시간이 12시간이고 임금은 10만 원, 노동력을 회복하는 데 5시간이 걸린다고 가정해 보자. 이때 임금은 노동력의 가치를 재생산하는 데 걸리는 5시간에 대해 지급되는 것이지만, 실제 노동은 총 12시간이다.

즉 5시간은 자신이 받는 임금에 대한 필요노동이고, 나머지 7시간은 자본가의 잉여가치를 위해 일하는 시간이다. 그런데 이것이 임금이라는 형태로 지급되면 마치 12시간 노동의 대가가 10만 원인 것처럼 보인다.

노예노동은 필요노동을 포함한 모든 것이 주인을 위한 노동임을 명백히 알 수 있다. 하지만 임금노동은 잉여가치를 생산하기 위한 노동도 마치 자신을 위한 노동처럼 보이게 한다.

무상노동이 마치 노동자 자신을 위한 노동인 양 은폐되는 것이다.

【자본론 제1권 제19장】

━━ 하루에 12시간 일하는 노동자가 있습니다. 그가 6시간의 노동으로 하루치 임금에 해당하는 가치를 생산한다면, 출근한 후 6시간은 자신이 받는 임금에 대한 노동이고 그 이후는 몽땅 자본가를 위한 노동입니다. 마르크스는 전자를 '지불노동(支拂勞動)', 후자를 '부불노동(不拂勞動)'이라고 일컬었습니다.

하지만 직장에서는 그 구분이 명확하지 않습니다. 마치 애써 물고기를 잡아도 인간이 목에 걸어놓은 올가미 탓에 삼키지 못하고 물고기를 내어주는 가마우지처럼, 노동자들은 자본의 증대를 위해 공짜로 일하고 있습니다. 그러나 그 착취 구조는 스스로 자각할 수 없게끔 교묘히 가려져 있습니다.

노예를 착취하는 행위는 매우 노골적입니다. 그처럼 야만스러운 착취는 현대 사회에서 존속할 수 없습니다. 하지만 자본주의 착취의 구조는 은폐되어 있어 누구에게도 비난받는 일 없이 이어져 왔습니다.

앞서 마르크스가 상품의 생산이나 노동과정을 추상화한 이유도 겉모습에 현혹되지 않고 그 심층 구조를 규명하기 위함이었습니다. 『자본론』의 주제는 이렇게 바꿔 말할 수 있겠습니다.
'눈에 보이는 현상과 그 이면에 감추어진 구조는 다르다. 우리는 그 이면을 알아야 한다.'

47

시간급제
임금

시간급제 임금의 단위(노동시간의 가치)는 노동력의 하루 가치를 하루의 평균 노동시간으로 나눈 것이다.

노동력의 하루 가치가 6만 원이고 하루의 평균 노동시간이 12시간이라고 한다면 1노동시간의 가격은 5,000원(6만 원÷12시간)이다. 자본가 일급이나 주급이 아니라 시급으로, 즉 자신이 사용하고 싶은 시간만큼 노동자를 고용한다면, 단위시간에 따른 노동력의 가치를 지급하면 된다.

우리는 앞서 노동자가 혹사당하는 문제를 살펴보았는데 이 같은 방식에서는 불완전한 고용이 문제다. 이 경우 자본가는 노동자가 생활을 유지하는 데 필요한 시간만큼 고용하지 않고도 잉여가치를 얻을 수 있다.

예를 들어 하루 12시간 일하는 노동자의 노동시간 중 6시간이 생활 유지를 위한 노동일 때, 노동시간이 줄면 어떻게 될까? 노동시간이 줄어들수록 생계를 위한 6시간이 깎여나가고 생활을 유지하기 어려워진다.

【자본론 제1권 제20장】

━━ 편의점이나 패스트푸드점에서 파트타임으로 일하는 사람은 근로시간을 기준으로 임금을 받습니다. 노동력이 아닌 노동량이 기준이므로 언뜻 보면 정당한 보수인 듯합니다. 그러나 이들의 임금은 대체로 낮은 편입니다. 그 금액은 **자본가가 일정량 이상의 잉여가치를 확보하게끔 책정되었기 때문입니다.**

그리고 시간급제 임금 방식에서는 고용시간을 자본가가 원하는 대로 결정할 수 있습니다. 이와 같은 환경은 노동자가 불안정한 고용 상태에 놓이거나 일할 의사가 있음에도 일할 기회를 전혀 얻지 못할 위험이 있습니다.

한편 이러한 불완전 고용은 자본가가 노동자를 자유롭게 이용하기에 편리한 제도입니다. 또한 실업자가 많을수록 노동력을 값싸게 사용할 수 있으므로 자본가에게 유리합니다. 편의점이나 패스트푸드점 경영자 입장에서 고용률 100%란 도리어 악몽이나 다름없습니다.

피고용자와 자본가의 이해는 이처럼 정반대의 관계에 있습니다. 한쪽에게 이익이 되는 것이 다른 한쪽에게는 불이익으로 작용합니다.

48

성과급제
임금

성과급제 임금은 '노동자가 생산한 상품의 가치를 상품에 포함된 노동시간으로 계산'하는 것이 아니라 '노동자가 생산한 상품의 수로 노동시간을 계산'하는 방법이다. 시간급제 임금에서 노동의 양은 일한 시간으로 측정하지만, 성과급제 임금에서는 노동자가 생산한 상품의 양으로 측정한다.

노동자가 하루 12시간 일할 때, 그중 6시간은 자신의 임금에 대한 노동이고 3시간이 불변자본(원료와 기계 등)에 대한 노동이라면, 나머지 3시간은 잉여노동이다.

예컨대 노동자가 24개의 상품을 생산하는 데 보통 12시간이 걸린다고 할 때 이를 성과급제 임금으로 측정하면 12개는 노동자 자신의 생활 유지를 위한 것이고 6개는 불변자본의 공제, 나머지 6개는 잉여가치의 생산에 해당한다.

결국 노동시간의 가격은 '하루 노동의 가치 = 노동력의 하루 가치'라는 등식으로 결정된다. 그러므로 성과급제 임금은 단지 시간급제 임금의 변형에 불과하다.

【자본론 제1권 제21장】

━━ 단순하게 생각해 봅시다. 자본가의 목적은 피고용자가 생산한 잉여가치를 자기 소유로 만들고 자본을 증대하는 것이죠. 이 목적을 달성하려면 지급방식을 막론하고 노동자에게 실제 가치보다 적은 임금을 지급해야 합니다.

성과급제 임금은 언뜻 생산량에 비례하는 듯 보이지만, 그 본질은 시간급제 임금과 같습니다. 노동자에게 조금도 유리하지 않습니다. 노동력의 하루 가치를 따져 자본가에게 잉여가치가 남게끔 책정되었기 때문입니다.

이는 보험회사의 사업 모델과도 비슷합니다. 보험상품이 보장하는 유형의 사고 발생률은 통계 수치가 명확히 나와 있습니다. 어떤 보험이든 항상 고객보다 보험회사에 유리하도록 설계되어 있습니다. 투자의 귀재 워런 버핏이 보험업계의 가능성을 일찌감치 내다보고 발 빠르게 진출한 이유이기도 합니다. 복권도 마찬가지입니다. 확률적으로 이익을 얻는 쪽은 구매자가 아니라 회사입니다. 복권도 여러 종류가 있지만 고객보다 복권 발행사에 더 유리하다는 점은 다르지 않습니다.

보험도 복권도, 이윤 추구가 목적인 이상 이런 구조로 이뤄진 것은 어찌 보면 당연한 일입니다. 하지만 겉으로는 드러나지 않는다는 점이 문제입니다. 자본주의 역시 마찬가지입니다.

49

부불노동에 의한
자본축적

노동자의 부불노동이 만들어낸 자본은 추가로 노동력을 고용
해 부불노동을 더욱 증대시킨다. 자본가는 자본을 축적하면 할
수록 더 큰 규모의 축척을 이룰 수 있다.

자본가와 노동자 사이의 교환관계는 등가교환이 기본인 유통
과정과 표면상으로는 비슷하지만, 본질은 전혀 다른 거래다.

언뜻 자본가와 노동자 사이에서 등가교환이 이어지는 듯 보이
지만, 실제로는 과거에 노동자가 만들어낸 부를 자본가가 축적
해 더 큰 규모의 노동으로 계속 교환하고 있는 것이다.

【자본론 제1권 제24장】

▬ 어떤 사람은 오후 2시까지 일하는 것으로 자신이 받는 임금만큼의 노동을 채우고, 이후 노동은 회사를 위한 부불노동을 쌓고 있는지 모릅니다. 또 다른 누군가는 오전 11시까지의 작업으로 임금만큼의 노동을 채우고 이후는 쭉 무상으로 회사에 노동력을 제공하고 있는지 모릅니다. 임금과 노동강도, 야근, 업무 효율 등의 변수가 부불노동의 시간을 결정합니다.

원문에서는 '무상 서비스' 기간의 노동이 그저 자본가의 이익 창출에 일조하는 것으로 끝나지 않는다고 말합니다. 노동자가 창조한 자본은 자본가가 또 다른 노동자를 고용하는 데 쓰입니다. 자본가는 추가로 고용한 노동자에게도 부불노동을 착취합니다. 이런 식으로 부불노동과 자본의 규모는 점점 증대합니다.

자본은 '과거에 행한 노동의 결과물'입니다. 과거의 노동이 실체화되어 현재의 자본을 구성합니다. 다시 말해 과거에 행한 노동은 과거의 자신이 착취당한 것에 그치지 않고, 미래에 더 많은 이들을 착취하도록 돕고 있는 셈입니다. 자본이 커질수록 착취의 규모도 커지기 때문입니다.

자신이 한 노력이 도리어 자신을 착취하는 무기가 된다는 것. 이것이 자본주의 시스템에서 노동이 갖는 모순입니다.

50

소유와 노동의
분리

재산의 소유는 본래 자신의 노동에 근거한 것이었다.

그러나 이제는 부불노동과 그 결과를 이용할 권리가 자본가에

게 있고, 노동자는 자신의 생산 결과를 소유하지 않게 되었다.

소유와 노동의 분리는 양자의 본질에서 비롯된 법칙의 불가피

한 결과다.

【자본론 제1권 제24장】

■■■ 미국의 벨 연구소(Bell Labs)는 트랜지스터, 레이저, Unix 오퍼레이팅 시스템, 무선 LAN, 전파망원경 등 혁신적인 기술을 개발한 연구소입니다. 그러나 그것들을 발명한 연구원이 부자가 되었다는 이야기는 들어본 적이 없습니다. 왜일까요? 발명품을 개발한 과학자가 모두 벨 연구소에 고용된 노동자에 불과하기 때문입니다. 아무리 혁신적인 기술을 개발하고 대단한 과학적 발견을 하더라도 그 성과는 모두 연구소의 소유가 됩니다. 일반적인 기업이 그렇듯이 모든 발명에 대한 특허권은 기업의 소유이며 노동자 개인의 것이 아닙니다.

자본주의 사회에서는 노동과 소유가 분리되어 있습니다. 그 사실을 이해하지 않으면 제아무리 천재 과학자라도 자신의 재능을 본인을 위해서가 아니라 타인의 부를 위해 쓰게 됩니다. 발명품을 빼앗겼다며 회사를 상대로 소송을 건 과학자도 있습니다. 결과는 대체로 피고용자의 패소로 끝납니다. 고용계약대로 따져보면 피고용자의 노동결과물은 당연히 회사의 소유이기 때문입니다. 노동한 결과물을 소유하고 싶다면 회사에 들어가지 않고 독립적으로 일해야 합니다.

소유와 노동의 분리는 자본주의의 법칙입니다. 노동자에게 불합리하다고 느껴질 수도 있으나 이 법칙이야말로 자본주의를 발달시킨 원동력입니다. 많은 자본을 활용하는 능력이 있는 자들이 많은 사람들의 노동을 이용해 위업을 달성할 수 있기 때문입니다.

누군가는 반드시 실패하는 이유

어릴 적부터 열심히 공부하고 직장에 들어가 성실히 일해도 누
군가는 실패하고 평생 빚더미에 앉아 고생하기도 합니다. 우리
는 '노력은 배신하지 않는다'고 배우지 않았던가요? 여기서는
학교에서는 알려주지 않는 이야기를 해보겠습니다.

세부적인 시스템은 나라마다 다르겠지만, 기본적으로 화폐는
중앙은행에서 발행된 후 시중은행을 통해 유통됩니다. 화폐가
시장에 유통되려면 먼저 시중은행이 중앙은행에서 돈을 빌려
야 합니다.
다음으로 시중은행의 돈이 시장에 풀리려면 어떻게 해야 할까
요? 누군가가 은행에서 돈을 빌리는 방법밖에 없습니다. 은행
이 공짜로 돈을 뿌릴 이유가 없기 때문입니다. 시장에 있는 모
든 화폐는 누군가가 시중은행에서 빌린 돈입니다.

우리가 가지고 있는 돈은 내가 아니더라도 누군가가 은행에서
빌린 것입니다. 개인이 빌린 돈일 수도 있고 기업이 빌린 돈일

수도 있습니다. 어느 쪽이든 시장에 도는 모든 돈이 은행 빚임에는 변함이 없습니다.

10명의 주민만이 사는 세상을 상상해 봅시다. 그곳에는 돈을 빌려주는 은행도 있습니다. 시장에 돈이 유통되려면 먼저 은행에서 돈을 빌려와야 합니다. 10명이 모두 은행에서 1,000만 원씩 돈을 빌렸고 갚을 때는 이자를 더해 총 1,100만 원을 상환하기로 약속했습니다.

10명이 각 1,000만 원씩 빌려 갔으니 은행은 총 1억 원을 발행한 셈입니다. 그러므로 이 세상의 통화량은 총 1억 원입니다. 주민 10명은 돈을 갚기 위해 열심히 일했고, 시간이 흘러 첫 번째 사람이 은행에 1,100만 원을 들고 찾아 왔습니다. 이어서 두 번째, 세 번째 사람이 나타났고 총 9명이 1,100만 원을 갚았습니다.

그러나 열 번째 사람은 결국 오지 않았습니다. 도대체 그에게는 무슨 일이 일어난 걸까요? 은행이 발행한 돈은 모두 1억 원이고 1,100만 원×9명＝9,900만 원이 회수되었습니다. 따라서 이 세상에 남은 돈은 100만 원뿐입니다. 이래서는 열 번째 사람이 아무리 노력해도 1,100만 원을 갚을 길이 없습니다.

방법은 하나뿐입니다. 은행이 돈을 더 발행하는 것입니다. 만약 1,000만 원을 추가로 발행해 시장에 있는 돈이 총 1,100만 원이 되었다고 가정해 봅시다. 열 번째 사람이 그 돈을 모두 벌어들인다면 빚을 갚을 수 있습니다. 그러나 문제가 하나 발생합니다. 앞서 말했듯이 시장에 돈이 유통되려면 누군가가 은행에서 돈을 빌려야 합니다. 즉 은행이 추가로 발행한 1,000만 원도 누군가가 빌린 돈이라는 뜻입니다.

시장에 있던 1,100만 원을 열 번째 사람이 모조리 은행에 갚았으니 이 세상에는 돈이 존재하지 않습니다. 그러므로 은행이 추가로 발행한 1,000만 원의 차용인은 파산하게 됩니다.
해결책은 있을까요? 없습니다. 돈이 발행되는 메커니즘이 이러하므로 누군가는 부채를 감당해야 합니다. 믿기지 않을 수도 있겠지만 이것이 우리가 사는 자본주의 사회의 현실입니다.

VIII

기술이 진보해도
행복해지지 않는 이유

1980년대에 발행되던 어린이 공상 과학잡지에는 '21세기가 되면 기술이 발달해 모든 사람이 놀랄 만큼 안락하고 풍요로운 생활을 누리게 된다.'라는 해설과 함께 삽화가 그려져 있었습니다. 그러나 실제로 21세기에 돌입한 지금, 기술이 모두를 행복하게 하고 있을까요? 굶어 죽을 정도로 가난하지는 않아도 많은 사람이 여유로운 생활과는 거리가 멉니다. 여기에서는 기술이 진보해도 모든 사람이 풍족해지지 않는 이유를 알아봅시다.

51

생산성 향상과
가치의 하락

영국에서 기계가 도입되자 공장에서는 옷감으로 의류를 생산하는 시간이 반으로 줄었다. 사회적으로 필요한 노동시간이 절반이 되었다는 것은 의류의 가치도 반감되었다는 뜻이다.

일반적으로 생산성이 높아지면 가치는 작아지고, 생산성이 낮아지면 가치는 커진다.

【자본론 제1권 제1장 제1절】

━━ 혼자 일하는 장인이 아무리 효율적인 생산방법을 구상해 내더라도 사회 전체의 생산성에는 영향을 미치지 않습니다. 그러나 기술이 발달하고 사회 전체의 생산성이 향상되면 가격은 내려갑니다. 일반적으로 필요한 노동량이 줄어들기 때문입니다.

간장은 대두를 발효해서 만드는 조미료입니다. 이것을 제대로 발효시켜 간장을 만들려면 아주 많은 수고를 들여야 합니다. 우리가 시장에서 흔히 볼 수 있는 간장은 대부분 화학적인 공정을 거쳐 콩을 분해한 액체입니다. 식초도 마찬가지입니다. 제조하는 데 긴 시간이 필요한 조미료였지만 지금은 가격을 낮추기 위해 화학적인 방법으로 생산합니다.

전통방식으로 만드는 식초나 간장이 화학적인 방법으로 만든 것보다 비싼 이유는 맛이 좋거나 건강에 더 좋아서가 아니라, 그것을 만드는 데 더 많은 수고가 들기 때문입니다. 화학적인 방법으로 거의 비슷한 맛을 내는 상품을 만들면 훨씬 짧은 시간(=적은 노동)에 생산할 수 있습니다. 수고가 줄어드는 만큼 가격도 내려갑니다.

인스턴트 라면도 마찬가지입니다. 사골을 우려 육수를 내는 대신 화학 첨가물로 분말수프를 만들어 생산에 드는 수고를 덜어 가격을 낮춥니다. '양질의 건강한 음식이 아니니 값을 저렴하게 매긴다.'라는 게 아닙니다. 생산성이 향상되어 필요한 노동량이 줄어들었기 때문에 가치가 낮아진 것입니다.

상품의 가치는 '질이 얼마나 높은가'가 아니라 '상품을 생산하는 데 들어가는 인간의 노력'에 따라 결정됩니다. 예컨대 많은 시간과 정성이 필요한 음식을 간단하게 생산하는 방법이 개발된다면 그 음식의 가격은 인스턴트 라면보다 저렴해질지도 모릅니다.

교환가치는 사용가치와 별개의 요인으로 결정되는 것입니다.

52

절대적 잉여가치와
상대적 잉여가치

잉여가치를 증대하려면 노동시간을 연장해 잉여노동을 늘리면 된다. 필요노동은 정해져 있으므로 가변적인 잉여노동을 점점 늘리는 것이다. 이렇게 생산되는 잉여가치를 나는 '절대적 잉여가치'라고 부른다.

이번에는 하루의 노동시간이 정해져 있다고 가정해 보자. 하루 노동시간이 12시간으로 규정되어 있으면 어떻게 해야 잉여가치를 증대할 수 있을까?

주어진 조건에서 잉여노동을 늘리는 방법은 필요노동을 줄이는 것이다. 필요노동을 줄임으로써 생산되는 잉여가치를 나는 '상대적 잉여가치'라고 부른다.

【자본론 제1권 제12장】

━━ 기술이 발달해도 왜 우리는 풍족해지지 못하는 걸까요? 그 답은 자본주의의 구조와 연관이 있습니다.

자본가는 잉여가치를 늘리기 위해 노동자가 최대한 많이 일하게 만들려고 합니다. 그러나 하루는 24시간이며 노동자도 잠을 자고 식사를 해야 일할 수 있습니다. 체력에는 한계가 있으므로 휴식도 필요합니다. 쉴 새 없이 일을 시켜서 '절대적 잉여가치'를 증대하는 데는 한계가 있다는 뜻입니다.

'그렇다면 잉여노동을 늘리는 대신 필요노동을 줄여보면 어떨까?' 하고 자본가는 생각합니다. 다시 말해 생산성을 높이는 것이죠. 자본가는 새로운 기술을 도입해 생산성을 높입니다. 기술이 발달하면 생활에 필요한 상품의 가치가 낮아지고, 노동자들이 생활을 유지하는 데 드는 비용도 감소합니다.

대량생산 덕에 식품이나 의류 등의 가격이 내려가므로 노동자는 값싼 임금으로도 생활이 가능해집니다. 노동력을 회복하는 데 필요한 비용이 줄어들면 노동력의 가치도 떨어집니다.

따라서 필요노동은 감소하고 상대적으로 잉여노동의 비율이 증가합니다. 이것이 '상대적 잉여가치'의 증대입니다.

많은 사람의 기대와는 달리 기술 발전에 의한 생산성 향상은 노동자를 풍요롭게 해주기는커녕 노동력의 가치를 떨어트렸을 뿐입니다. 기술이 창출한 부는 잉여가치의 형태로 자본가의 것이 됩니다.

노동자도 새로운 기술을 누릴 수는 있으나, 그것은 단지 기술 발달에 따른 대량생산으로 가격이 낮아진 결과일 뿐 노동자의 부가 증가해서가 아닙니다.

53

자본가와
기계

"지금까지 발명된 기계가 인간의 수고를 조금이라도 덜어주었
는지 의문이다."

영국의 철학자 존 스튜어트 밀(John Stuart Mill)은 저서 『정치경
제학 원리』에서 이렇게 말했다.

자본이 기계를 사용하는 목적은 인간의 수고를 줄여주기 위함
이 아니다. 생산성을 높여 노동자가 생활 유지를 위해 일하는
시간(필요노동)을 줄이고, 잉여노동을 늘리기 위한 수단이다.

도구와 기계의 차이를 구별하는 것은 아무 의미가 없다. 기계
는 복잡한 도구이며 도구는 단순한 기계일 뿐이다. 기계는 노
동의 생산성을 비약적으로 높여준다. 또한 기계는 도구를 사용
해서 전문적인 작업을 수행하는 부분노동자를 대체할 수 있다.
노동자는 기계의 부속품이 되며, 임금이 보다 싼 미숙련 노동
자가 고용된다. 이렇게 기계는 노동분업을 재정의한다.

【자본론 제1권 제15장】

━━ 과거에는 식재료의 가치가 상당히 높았습니다. 냉장고가 없어서 장기간 보존이 힘들었고, 운송수단과 유통망이 발달하지 않았기 때문에 내륙 사람들이 신선한 생선을 먹거나 겨울철에 과일을 먹는 것은 불가능했지요.

기술 발달은 모든 상품의 가격을 하락시킵니다. 초기의 휴대전화는 벽돌만 한 크기에 상당히 고가였지만, 지금은 초등학생도 대부분 간편하게 지니고 다닙니다. 과거에는 귀족들만 즐기던 연극도 현대에는 영상 기술의 발달로 옛 연극보다 훨씬 화려한 효과가 가미된 다양한 콘텐츠를 극장에서 즐길 수 있습니다. 그것도 훨씬 싼 비용으로요. 오페라를 관람해 본 분들은 영화 관람료가 얼마나 저렴한지 알 겁니다.

기술의 발달은 동일한 사용가치를 싼값에 공급해 줍니다. 다시 말해 일반적인 사람들이 생활을 유지하는 데 드는 비용이 낮아지는 것입니다. 의식주도, 문화생활도 예전보다 값싼 비용으로 그 사용가치를 누릴 수 있습니다. 필요노동의 비중이 줄고 잉여노동의 비중은 늘어납니다. 자본가가 기술을 사랑하는 이유는 이렇게 잉여가치를 늘릴 수 있기 때문입니다.

우리는 일부 특권계급이 누리던 문화를 손에 넣는 대신 그들을 위해 점점 더 긴 노동시간을 서비스하게 된 것이죠.

54

노동력과
잉여가치

노동력의 가치와 잉여가치의 상대적 크기를 결정하는 세 가지 요소는 노동시간, 노동강도, 노동생산성이다. 노동강도는 같은 시간 동안 얼마나 많은 양의 노동이 이루어지는지를 뜻하고, 노동생산성은 같은 양의 노동이 얼마나 많은 상품을 만들어내는지를 뜻한다.

노동력의 가치와 잉여가치의 크기는 다음 세 가지 법칙에 따라 결정된다.

1. 일정 노동시간은 항상 같은 양의 가치를 창조한다.
2. 잉여가치가 증가하면 노동력의 가치는 감소하고, 그 반대도 성립한다.
3. 잉여가치의 양은 노동력의 가치에 의해 결정된다.

노동강도가 높아지면 같은 시간 동안 더 많은 상품이 생산된다. 노동생산성이 향상되면 같은 시간 동안 더 많은 상품이 생산되는 한편 상품의 가치는 떨어진다. 노동강도가 높아진 경우 상품에 포함되는 노동량은 변하지 않지만, 노동생산성이 향상된 경우에는 상품에 포함되는 노동량이 줄어들기 때문이다. 생산성이 높아지면 노동력의 가치가 낮아지고 잉여가치는 증가한다. 생산성이 저하되면 노동력의 가치가 커지고 잉여가치는 줄어든다.

【자본론 제1권 제17장 제1절】

━━ 원문은 복잡해 보이지만 한마디로 요약하면 '노동력의 가치가 낮아질수록 잉여가치가 늘어난다'는 것입니다.

앞서 말했듯이 기술이 발달함에 따라 노동력의 가치는 저하되고 잉여가치는 증가하며, 자본가의 자본은 불어납니다. 최첨단 기술로 생산성이 향상되어도 노동자의 생활은 풍족해지지 않습니다. 생산물의 양, 상품 가격의 변동과는 상관없이 '일정 노동시간은 항상 동일한 양의 가치를 창조'하기 때문입니다.

가령 현대의 은행은 입출금이나 계산 등을 컴퓨터로 빠르게 처리할 수 있지만, 컴퓨터가 없던 시절에는 같은 일을 하는 데 훨씬 긴 시간이 들었습니다. 그러나 현대 은행원의 노동가치가 예전 은행원의 노동가치보다 높아진 것은 아닙니다. 최신 시스템을 도입해 주판을 쓰던 시절보다 업무 처리 속도가 10배로 빨라졌다고 해서 급여를 10배로 높여주는 일은 없습니다.

원문에서 말했던 세 가지 법칙 중 어느 것도 노동자에게 유리하지 않습니다. 세 가지 법칙에 의하면 문명이 발달할수록 이익을 얻는 쪽은 자본가입니다. 노동자의 임금이 낮아질수록 당연히 자본가의 잉여가치는 더 커집니다.

무엇보다도 기술이 발달할수록 착취가 심화한다는 것은 충격적인 사실입니다.

55

상대적 과잉인구
혹은 산업예비군

자본축적이 진전될수록 불변자본에 비해 가변자본의 비율이 점점 감소한다.

자본축적이 확대되면서 가변자본 비율의 감소는 가속화되고 노동자 쪽에는 실업 상태인 '상대적 과잉인구'가 발생한다. 그들은 자본이 증식하는 과정에서 수요의 변화가 있을 때 필요에 따라 착취할 수 있는 '산업예비군'이 된다.

노동자계급 중 취업한 노동자의 과도한 노동은 산업예비군을 증가시킨다. 그리고 증가한 산업예비군과의 경쟁은 취업한 노동자가 과도한 노동을 하도록 압박을 가하고, 자본의 명령에 굴복하게 만든다.

【자본론 제1권 제25장 제3절】

—— '예비군'이란 평상시에는 일반인으로 지내다가 전쟁이 일어났을 때 군무에 종사하는 사람을 말합니다. 스위스 남성은 모두가 예비군으로 전쟁 시에는 전원 군인이 되는 시스템을 갖추고 있습니다. 마찬가지로 '산업예비군'이란 평소에는 **일정한 직업에 종사하지 않다가 필요시에 한해 고용되는 사람들을 말**합니다.

사업은 성장하는 시기도 있지만 정체할 때도 있습니다. 정체기에 빠져 잉여가치를 얻지 못하는 상황도 문제지만, 한창 성장하고 있는 시기에 필요한 노동력을 바로바로 보충할 수 없는 상황도 문제입니다. 그래서 노동시장에는 항상 잉여노동력이 있는 편이 좋습니다. 추가 노동력이 필요할 때 언제든지 고용할 수 있기 때문입니다. 여기서 말하는 '잉여노동력'이란 고용되지 않은 사람, 즉 실업자를 뜻합니다.

기술 발달로 생산성이 개선된 현대에서는 적은 인원으로도 생산이 가능하므로 산업예비군의 수가 항상 충분합니다. 과학 기술이 발달해 인류가 풍족해지기는커녕 실업자의 수가 늘어난 것이죠.

노동력 공급이 수요를 넘어서게 되면 낮은 임금으로도 일하

고자 하는 사람이 늘어나고 취업 중인 사람도 안심할 수 없습니다. 파견근로제(기업의 경비 절감을 목적으로 인력공급업체와 계약한 근로자를 고용하는 제도)가 등장한 것도 이러한 배경이 있었기 때문입니다. 노동조건이 점점 가혹해진 흐름도 같은 맥락에서 이해할 수 있습니다.

56

자본의 축적은
비극의 축적

자본주의 시스템에서는 사회적 노동생산성을 높이기 위해 개별 노동자가 희생된다. 생산을 향상시키는 모든 수단은 노동자의 노동조건을 악화시키고 노동과정에서 자본가의 독재에 노동자를 굴복시키며, 모든 생활시간을 노동시간으로 전환하고 그들의 가족까지 자본의 거대한 수레바퀴 아래로 밀어 넣는다. 잉여가치를 생산하는 방법은 그 모두가 축적의 방법이며, 축적의 확대는 또다시 축적 방법을 발전시키는 수단이 된다. 자본이 축적됨에 따라 노동자의 생활은 점점 악화한다.

끝으로 상대적 과잉인구 또는 산업예비군을 축적의 규모 및 활력에 맞게 유지한다는 법칙은 노동자를 자본에 단단히 옭아맨다.

이렇게 자본축적은 빈곤이라는 비극의 축적이 된다. 한쪽에서 부가 축적되면 동시에 반대편에서는 빈곤과 노동의 고통이 축적되고 노예 상태가 되며, 낮은 교육, 정신적 쇠퇴로 이어진다.

【자본론 제1권 제25장 제4절】

▬ 많은 사람을 고용하려고 일부러 생산성을 떨어뜨리는 기업은 없습니다. 컴퓨터를 이용하면 순식간에 끝나는 계산을 일부러 여러 명에게 종이와 볼펜을 주고 셈을 시킬 리 없죠. 새로운 기술이 있으면 사람은 그것을 활용하기 마련이며, 기업도 마찬가지입니다.

생산성이 향상되면 더 적은 노동으로 더 많은 잉여가치를 얻을 수 있습니다. 이때 '더 많은 잉여가치'란 노동자의 것이 아니라 자본가의 것입니다. '더 적은 노동'이란 편하고 쾌적한 작업이 아니라 노동자의 실직을 뜻합니다.

기술 발전에 의한 생산성 향상이 마지막으로 야기하는 것은 '인간이 기계에게 일자리를 빼앗기는 비극'입니다. SF 소설 속 주제로는 이제 식상한 소재지만 현실에서는 꾸준히 진행되고 있습니다. 구글이 세계적인 미래학자로 꼽았던 토마스 프레이(Thomas Frey)는 '기술 혁신에 따라 2030년까지 일자리의 50%가 소멸할 것'이라고 예견한 바 있습니다.

우리가 알지 못하는 사이에도 산업 전반의 생산성은 끊임없이 향상되고 있습니다. 프레이가 예견하는 미래는 이러한 변화가 축적된 결과입니다. 우리는 현대 기술의 눈부신 변화에 익숙해진 나머지 다가오는 미래를 실감하지 못하고 있을 뿐인지 모릅니다.

21세기는 기술이 아닌 돈이 지배한다

어느 열정 넘치는 의사가 자신의 의료 기술을 활용해 사회에 공헌하겠다는 포부를 안고 병원을 개업했다고 합시다. 그는 환자에게 현대 의학 기술을 제공하고자 최첨단 장치를 들여왔습니다. 특히 10억 원을 투자한 의료용 로봇은 의사가 직접 수술하기 어려운 부위에 로봇 팔을 사용하는 최첨단 도구입니다. 완벽한 준비를 마치고 병원을 개업한 의사는 열정적으로 환자를 치료했습니다. 초기 투자에 거액의 자금이 들었지만, 초심을 잃지 않고 환자를 대하다 보면 자연스레 빚도 갚을 수 있을 테고 자신의 소신을 모두에게 인정받으리라 생각했습니다.

그러나 시간이 흐를수록 돈 버는 일이 생각보다 쉽지 않다는 사실을 깨달았습니다. 빚은커녕 이자를 갚기에도 급급했고 병원은 파산할 지경에 이르렀습니다. 어느 날 병원에 응급 충수염 환자가 실려 왔습니다. 의사는 생각했습니다.
'로봇을 써서 수술하면 치료비를 많이 청구할 수 있다……'
충수절제술은 의사가 직접 집도하는 편이 빠르고 환자에 대한 청구액도 적습니다. 그러나 로봇을 사기 위해 빌린 10억 원을 갚지 않으면 병원은 파산합니다. 소명감이 강했던 의사도 결국 유혹에 이기지 못하고 수술에 로봇을 사용했습니다.

'이렇게 간단한 수술에 로봇을 쓰려던 게 아니었는데. 다 빚을 갚기 위해서야. 그래도 환자에게 미안하다…….'

자본가는 자본이 인격화한 것이라고 마르크스는 표현했습니다. 이는 '아무리 성인군자라 할지라도 자본이 얽힌 문제 앞에서는 자신의 가치관이나 신념보다 자본의 증대를 우선한다'는 의미 입니다.

월드컵 경기에서 자국 대표 선수가 기적적으로 승리를 거듭해 결승에 진출했다고 상상해 봅시다. 결승전 상대는 축구 강대국 브라질입니다. 이때 누구든 자국 대표를 응원할 것입니다. 특별히 애국심이 강하지 않더라도 그날만큼은 텔레비전 앞에 달라붙어 경기에 열중합니다.

하지만 그 경기에 전 재산을 걸어야 한다면 어떤 일이 벌어질까요? 아마 조용히 브라질에 돈을 걸고 응원할 것입니다. 소액이라면 약간의 가능성이라도 자국 대표에게 희망을 걸겠지만, 전 재산이 걸렸다면 이야기가 다릅니다. 자본이라고 부를 만큼

큰돈이 걸렸으니 자신의 신념, 인격, 국적 등이 배제되고 돈에
조종당하는 것입니다.

20세기의 SF 영화나 소설에는 '기술에 지배당하는 21세기 인
간'이 자주 등장했지만, 사실 '돈에 지배당하는 21세기 인간'이
라고 표현하는 편이 현실과 가깝습니다. '자본가는 자본이 인격
화한 것'이라는 말은 자본가가 자신의 의지가 아니라 자본의 의
지대로 행동하는, 자본의 대리인이 되었다는 의미입니다.

IX

자본이 눈덩이처럼
불어나는 이유

SF 영화에는 사회를 지배하는 초거대기업이 자주 등장
합니다. 영화 「로보캅」에는 OCP라는 거대기업이 국가
대신 경찰을 운영합니다. 「월—E」에는 Buy와 Large라는
회사가 합병해 탄생한 초거대기업 BnL이 등장합니다.
이 기업 없이는 의식주를 비롯한 모든 경제활동뿐 아니
라 문화생활도 할 수 없습니다. 우리 현실에서도 기업
은 확장이나 합병을 통해 점점 몸집을 불리려고 합니다.
실질적으로 모든 업계가 독점 체계에 가까운 지금, 우리
삶은 거대기업의 영향에서 벗어날 수 없습니다. 이 장에
서는 대규모 자본에 대해 알아보겠습니다.

57

현재의 자산은
과거의 노동

과거의 노동은 항상 자본이라는 형태로 자신을 위장한다.

과거의 수많은 노동자 A, B, C……의 노동이 만든 산물은 노동하지 않는 자본가 X의 자산으로 나타난다. 과거의 부불노동은 노동자로부터 분리되어 자본으로 형태를 바꿔 끊임없이 증대하는 노동과정을 돕는다.

【자본론 제1권 제24장】

━━ 필자가 이 책을 집필할 당시 컴퓨터 폴더를 살피다 보니 예전에 잉여가치의 개념이나 화폐 원리 등을 정리해 뒀던 메모를 많이 발견할 수 있었습니다. 그 메모가 책을 쓰는 데 큰 도움이 되었습니다. 따지고 보면 컴퓨터에 남겨진 메모는 과거에 행한 노동의 산물입니다. 그것이 이번 집필에 활용되어 자산이 되었습니다. 현재의 나는 특별한 노력 없이 책을 쓰는 데 과거의 자산을 활용할 수 있었던 것이죠. 이는 과거 자신이 한 노동이 실체화되어 현재의 자산이 된 사례입니다. 자본주의 사회에서는 과거 노동이 실체화된 자산이 타인의 자본이 됩니다.

자본에 자기증식하는 성질이 있음을 고려하면 과거의 노동은 미래 노동의 증식에 기여한다고 볼 수 있습니다. 과거 노동의 결과인 자본은 더 나아가 미래의 노동을 고용해 점점 몸집을 불려갑니다. 종업원이 100명이던 회사가 추가로 10명을 고용했다면, 10명을 고용하는 데 쓰인 자산은 종업원 100명이 벌어서 축적한 돈입니다. 우수한 사업모델은 이러한 복리의 원리를 최대한 활용합니다. 워런 버핏이 말했듯이 눈덩이처럼 자산이 불어나는 것이죠.

자본가에게 자본의 자기증식 원리는 선순환입니다. 반대로 노동자에게는 악순환이라고 할 수 있을 것입니다. 과거 자신이 행한 노동이 현재의 자신을 자본에 붙들어 매기 때문입니다.

58

자본축적과
노동생산성의 증대

자본축적이 진행되는 과정에서 사회적 노동생산성의 증대는
축적을 가속화한다.

생산수단의 대규모 집중도 생산성을 높이는 조건이다. 빌딩,
운송수단, 용광로 등을 통해 생산수단을 집중해도 생산성이 증
대한다.

노동생산성이 증대하면 생산수단을 사용하는 데 필요한 노동
량이 감소한다. 예컨대 처음에는 자본의 50%를 생산수단에,
나머지 50%를 노동력에 투하했다면 노동생산성이 향상됨에 따
라 80%를 생산수단으로 돌리고, 노동력에는 나머지 20%만 투
하해도 충분해진다.

【자본론 제1권 제25장 제2절】

━━ 대형 편의점 체인을 보면 집중이 얼마나 효율을 높이는지 알 수 있습니다. 만약 1,000개의 점포가 제각각 매출과 재고를 관리한다면 그 비용은 점포 수에 비례할 것입니다. 반대로 1,000개의 점포를 본점 컴퓨터에서 관리한다면 매출, 재고, 잘 팔리는 상품 등의 정보를 간단히 처리할 수 있습니다. 집중에는 큰 위력이 있습니다.

원문에서는 자본의 생산성을 높이는 집중의 예로 빌딩이나 용광로 등을 들고 있습니다. 왜 빌딩이 생산성을 높이는 것일까요? 그 이유는 많은 사람이 여러 곳에서 따로 일하기보다 하나의 건물에 모여 같이 일하는 편이 훨씬 효율적이기 때문입니다. 용광로는 무슨 뜻일까요? 철이 필요한 노동자가 각자의 자리에서 철을 녹여 사용하면 당연히 생산성이 떨어집니다. 반면에 용광로에서 철을 한꺼번에 녹인 다음 나눠 사용하면 효율이 훨씬 높아집니다. 두 사례 모두 집중의 효과를 보여줍니다.

자본가가 생산성을 높이는 이유는 하나뿐입니다. 효율이 개선되면 생산에 필요한 노동력을 줄일 수 있기 때문입니다. 그리고 그것은 생산을 통해 얻는 잉여가치의 증대를 뜻합니다. 자동차 왕으로 불린 헨리 포드(Henry Ford)의 위인전에는 '그는 자동차의 생산성을 혁신해 인류에 공헌했다.'라는 내용이 나옵니다. 하지만 사실은 그렇지 않습니다. 포드가 생산성을 혁신하게 된 동기는 오로지 자본증식을 촉진하기 위함이었습니다.

59

자본의
대규모 집중

18세기 초 방적업에서 불변자본(원료와 기계)과 가변자본(노동력)의 비율이 1:1이었다고 가정해 보자. 그리고 현대는 노동생산성이 향상되어 불변자본과 가변자본의 비율이 7:1이 되었다고 하자. 이때 노동이 소비하는 원료와 도구의 양은 18세기 초에 비해 수백 배가 된다. 노동생산성이 향상됨에 따라 노동이 처리하는 원료와 기계 사용량이 증가할 뿐만 아니라 원료와 기계의 가치는 떨어지기 때문이다.

거대한 규모로 집중된 생산수단은 노동생산성을 증대시킨다. 노동의 사회적 생산성을 높이는 방법은 잉여가치를 늘리는 방법이기도 하다. 자본으로 자본을 생산하는 방법이자, 자본의 축적을 가속하는 방법이다.

【자본론 제1권 제25장 제2절】

■ '자본의 축적'이란 자본가가 획득한 잉여가치를 자본에 추가로 투하해 계속해서 자본을 증대시키는 것입니다. '자본의 집중'은 몇 가지 자본을 합하여 자본의 규모를 확대하는 것입니다. 두 방법 모두 자본의 규모를 증대하는 방법입니다.
어느 쪽이든 목적은 같습니다. 자본을 중앙에 집중시켜 생산성을 높이고 최대한 많은 잉여가치를 얻는 것입니다.

하나의 거대한 자본을 이루면 소규모 자본의 집합으로는 할 수 없었던 일이 가능해집니다. 예컨대 소규모 영화사가 1,000만 원을 투자해서 10분짜리 단편영화를 제작했다고 합시다. 이때 같은 규모의 회사가 10곳이 있더라도 단편영화가 10편이 만들어질 뿐이지만, 10곳의 회사가 합병해 하나의 영화사가 되면 1억 원을 투자해 1시간 40분짜리 장편영화를 만들 수 있습니다.

집중과 결합을 통해 자본의 규모가 커지는 것은 단순히 한 곳에 모이는 것 이상의 의미가 있다는 뜻입니다. 증대한 자본 규모는 더 많은 잉여가치를 낳아 자본축적을 가속화합니다.

60

자본가들의 경쟁과
자본의 집중

자본이 집중되고 축적되는 과정에서는 자본가 간의 경쟁이 벌어진다. 더 큰 자본이 작은 자본을 쓰러뜨린다.

경쟁은 항상 소자본가의 몰락으로 끝나며, 그들의 자본 중 일부는 사라지고 일부는 승자의 차지가 된다. 여러 자본가의 자본이 한 사람의 수중에 집중되면, 강력한 자본이 형성된다.

이러한 자본의 집중은 자본가의 활동 규모를 확대함으로써 자신의 사명을 마친다.

【자본론 제1권 제25장 제2절】

━━ 자본이 갖은 수단을 써서 거대해지려고 하는 이유는 경쟁력을 키우기 위함입니다.

예를 들어 전기통신사업자가 되려면 자체 통신망이 있어야 하는데, 이를 직접 구축하기보다는 기존 통신망을 가진 회사와 합병하는 쪽이 쉽습니다. 미국의 통신회사 버라이즌(Verizon)도 타사와 합병해 몸집을 키웠습니다. 일단 규모가 거대해지면 다른 기업과의 경쟁에서 우위를 점할 수 있습니다. 비단 통신사업뿐 아니라 어떤 업계라도 규모가 크면 클수록 유리합니다.

물론 작은 규모를 유지하면서 최상의 서비스 제공에 주력하는 음식점 경영자도 많습니다. 초심을 잃지 않는 좋은 자세로 볼 수도 있지만, 비즈니스적인 관점에서 보자면 자본을 소규모로 유지하면서 안전하게 많은 잉여가치를 얻고자 하는 전략입니다. 자본의 규모가 커질수록 요리의 질을 유지하기 어렵고, 투하한 불변자본과 가변자본 대비 얻게 될 잉여가치가 현저히 감소할 위험이 있기 때문입니다.

거대자본의 전략과 소자본의 전략은 다를 수밖에 없습니다. 소자본은 생쥐처럼 잽싸게 움직이지 않으면 거대자본에 먹혀 사라집니다. 영리한 생쥐라면 살아남을지도 모르지만 대부분은 자신보다 몸집이 큰 동물의 먹이가 됩니다.

61

최초로 축적된
자본의 비밀

지금까지 우리는 돈이 어떻게 자본이 되는지 살펴보았다. 자본을 통해 잉여가치가 만들어지고, 그 잉여가치가 다시 자본에 더해져 점점 더 큰 자본을 만들어내는 순환이다.

그 순환의 출발점인 최초의 축적※은 대체 어떻게 만들어진 것일까? 신학의 원죄설은 인간이 먹고살기 위해 왜 일해야 하는 저주에 걸렸는지 설명해 주지만, 경제학의 원죄설은 일할 필요가 없는 사람이 어째서 존재하는지 알려준다.

자본주의 사회에서는 부를 축적하는 사람이 있는 한편, 자신의 육체 외에는 팔 것이 없는 사람도 있다.

최초의 축적(이른바 본원적 축적)은 생산자와 생산수단이 분리되는 역사적 과정에서 발생했다. 다시 말해 농촌의 생산자(농민)로부터 자본가가 토지를 빼앗은 일이 모든 것의 시작이었다. 노예처럼 일했던 봉건시대의 착취에서 자본주의적 착취로 옮겨간 것이다.

【자본론 제1권 제26장】

■ "아빠, 세상 사람들은 돈이 없어서 고생하는데 왜 우리는 재산이 100억이나 있나요?" 아들이 묻자 아버지는 대답했습니다. "그건 말이다. 처음에는 할아버지에게 500억 원을 상속받았는데 투자에 실패해서 100억 원만 남은 거란다."

재산이 있으면 그것이 어떻게 형성된 것인지 시작이 궁금해집니다. 『자본론』에서는 이른바 '본원적 축적'이라고 하는 최초의 축적이 있었다고 말합니다. 이 최초의 축적은 애초에 자본의 축적이 어디서부터 시작되었는지 알려줍니다.

이어서 살펴보겠지만, 마르크스는 자신이 살던 당시의 영국을 예로 들어 최초의 축적을 설명했습니다. 순환의 출발점에 있던 자본은 귀족계급이 서민들에게서 폭압적으로 부를 빼앗은 데서 비롯되었습니다. 부의 수탈이 근대 자본의 토대가 된 것입니다.

경제학은 '음울한 과학(dismal science)'이라고도 불립니다. 잉여가치론은 많은 노동자에게서 부불노동을 착취함으로써 자본이 증대하는 구조를 설명합니다.

그리고 그러한 자본의 시작도, 자본가의 선조가 약자를 약탈한 역사에서 비롯되었다고 갈파하고 있습니다. 자본이 증대하는 구조와 그 기원을 보았을 때 '자본은 부당한 착취와 약탈을 통해 얻은 것'이라고 마르크스는 주장했습니다.

※ 애덤 스미스가 『국부론』에서 사용한 용어는 'previous accumulation(이전의 축적)'이며, 'primitive accumulation(시초 축적)' 혹은 'original accumulation(본원적 축적)'이라고도 합니다. 이 책에서는 '최초의 축적'이라 표현했습니다.

62

최초의 축적
- 영국의 사례

과거 영국에는 자신의 땅을 경작해서 어느 정도 유복한 생활을 누리는 농민(토지소유자)이 많았다. 총인구의 7분의 1에 달하는 16만 명의 농민이 땅을 소유하고 있었다.

그러나 1470년경부터 1500년대 초에 이르는 수십 년 동안 막강한 힘을 가진 영주가 무력으로 농민의 토지를 빼앗았고 수많은 프롤레타리아(임금노동자)를 만들어냈다.

이 같은 사태의 직접적인 원인은 양모 공장제 수공업의 성장과 그에 따른 양모 가격의 상승에 있었다. 영주들은 빼앗은 경작지를 목초지로 바꾸었고, 쫓겨난 농민들은 일용노동자로 전락했다. 폭력으로 약탈한 결과가 근대적 사유화로 변질된 것이 최초의 축적을 이룬 방법 가운데 하나였다.

이런 방법들은 자본주의적 농업에 필요한 토지를 점령하고 토지를 자본의 일부로 병합시켜 도시공업에 필요한 프롤레타리아트(임금노동자계급)를 만들었다.

【자본론 제1권 제27장】

━━ 영국의 사례에서 알 수 있는 것은 돈이 되는 비즈니스(양모의 대량생산)의 등장은 돈이 되지 않는 비즈니스(소규모 농업)를 몰아낸다는 사실입니다. 그 과정은 매우 폭력적이지만 시대의 변화에 따른 필연적인 일이라고도 생각할 수 있습니다.

현대에도 새로운 비즈니스의 등장이 오래된 유형의 비즈니스를 몰아내는 일이 종종 있습니다. 예컨대 스마트폰의 보급으로 닌텐도의 모바일 게임 사업은 탄력을 잃었습니다. 우량 콘텐츠를 만들어내며 성장해 온 닌텐도는 더욱 재미있는 게임을 만들어 이 위기를 극복하려 했습니다. 그러나 아무리 닌텐도처럼 거대한 기업일지라도 해일처럼 밀려오는 시대의 변화를 거스르기란 쉬운 일이 아닙니다. 하물며 평범한 기업이라면 말할 것도 없지요.

MP3가 주류가 된 음악 시장, 디지털카메라의 보급으로 자취를 감춘 필름 카메라, 스마트폰의 등장으로 주춤하기 시작한 PC 시장, 인터넷의 보급으로 침체한 출판업계, 편의점의 등장으로 문을 닫게 된 소형 마트 등 현대에서 주목해야 할 비즈니스의 해일은 수도 없이 많습니다.

그리고 그 해일이 가져온 변화가 낳은 피해는 고스란히 약자의 몫입니다. 이 흐름은 전부 시대의 변화에 따른 것으로 개인의 잘못이나 폭력에 의한 것이 아닙니다. 원문의 사례도 겉보기에는 농민에 대한 영주의 폭력으로 보이지만, 근본적인 원인은 양모산업의 급성장이었습니다. 그 또한 시대의 변화라는 해일이었던 것이죠.

63

이윤율 저하와
대규모 자본

자본주의적 생산양식이 발전함에 따라 노동생산성이 높아지고 이윤율은 하락하는 한편, 이윤의 절대량은 증가한다.

이윤율이 저하되면 자본가가 노동을 생산에 사용하기 위해 필요한 최소한의 자본량이 증가한다.

동시에 자본의 집적도 증가한다. 어느 한계를 넘어서면 이윤율이 낮은 대규모 자본이, 이윤율이 높은 소규모 자본보다 더 빠르게 축적되기 때문이다.

【자본론 제3권 제15장】

━━ 지금 우리가 사용하는 컴퓨터는 몇 년 전의 슈퍼컴퓨터보다 고성능일지 모릅니다. 기술이 발전해 고도로 집적된 칩을 대량생산할 수 있게 되었기 때문입니다. 대량생산은 과거보다 훨씬 성능이 뛰어난 상품을 더 저렴하게 제공합니다. 상품의 종류와는 상관없이 대량생산되면 가격은 낮아지고 이윤율도 떨어집니다. 미국의 세계적인 컴퓨터 제조기업 델(Dell)도 시간이 지나면서 이윤이 점점 떨어지는 현상에 고전했습니다.

모든 자본은 자기증식을 위해 노력하지만, 그 노력이 거꾸로 장벽이 되어 앞을 가로막는 모순이 발생합니다. 그럼에도 자본이 증대해야 하는 이유는 그 규모가 일정 수준 이상이 되면 소규모 자본보다 축적에 유리하기 때문입니다.

일류 초밥 장인이 신선한 재료로 만드는 고급 초밥은 이윤율이 높을지 모릅니다. 하지만 자본의 축적에 유리한 쪽은 저렴한 회전초밥 체인점입니다. 원료를 대량으로 사들이는 방법으로 원가를 절감한 거대 체인점은 초밥을 저렴하게 제공하면서도 이윤을 얻을 수 있습니다. 이렇게 '규모의 경제' 법칙으로 초밥의 가격을 낮추면 손님이 늘고 매출이 상승합니다.

이것이 대규모 자본이 축적에 유리한 이유입니다.

기업 간의 분업과 거대자본의 등장

팹리스(fabless)라는 말을 들어본 적 있나요? 현대 기업의 동향
을 잘 나타낸 사업모델인데, 이를 설명하기에 앞서 제 친구의
사례를 들려주고자 합니다.

대학교 시절 디자인을 전공한 친구는 '인체공학 디자인'이라는
과목을 수강했습니다. 기말고사 과제는 '편리한 핸들을 디자인
한 뒤 나무 모형을 만들어 제출하는 것'이었습니다. 그러나 당
시 그는 심한 감기를 앓고 있었고 다른 과목의 **빡빡한** 시험 일
정 때문에 연일 밤샘을 거듭한 상태였습니다. 나무를 깎는 육
체노동은 도저히 불가능했지요.

"큰일이네. 이러다 정말 죽겠는데……."

친구는 병원으로 향하던 중 분석(盆石, 검게 옻칠한 쟁반 위에 돌이나
모래 따위로 자연경관을 표현하는 일본의 전통예술_옮긴이) 쟁반을 만드는
작은 가게를 발견했다고 합니다. 그곳은 돌에 알맞게 목재를
가공하는 가게로, 목재만 있다면 어떤 모양도 자유자재로 만들
수 있었습니다. 친구는 점토로 만든 핸들을 가져가 나무 모형

을 만들어 달라고 했습니다. 당연히 결과는 대성공이었지요.

이야기가 길어졌는데 이것이 바로 팹리스의 생산방식입니다. 세계적인 미국의 반도체 회사 퀄컴(Qualcomm)은 인텔(Intel)이나 삼성과는 달리 자체 생산시설이 없습니다. 퀄컴은 반도체를 설계하고 생산은 타사 공장에 위탁합니다. 공장이 없으므로 설비에 투자할 필요도 없습니다. 이렇게 반도체 설계를 전문으로 하는 기업을 '팹리스', 반도체의 위탁생산을 전문으로 하는 기업을 '파운드리(foundry)'라고 합니다.

팹리스와 파운드리를 소개한 이유는 기업 간의 분업과 분야별 자본 집중, 자본의 거대화가 현대 산업의 트렌드이기 때문입니다. 자본을 다양한 분야에 투자하기보다 자신이 확실하게 지배할 수 있는 하나의 분야에 집중하고 나머지는 외부에 맡기는 것이죠. 자체적인 생산시설을 두지 않고 상품을 생산하는 사업 모델은 이러한 동향의 연장선에서 나왔습니다.

소수의 거대기업이 분야별 시장을 지배하는 사태는 이미 거의 모든 분야에서 벌어지고 있습니다. 식품업계는 몇 군데의 대형 식품기업과 대형 패스트푸드 체인, 대형 마트가 지배하게 되었습니다.

식품기업은 압도적인 지배력을 행사해 계약 농가에 가축의 성장을 촉진하는 여러 시설에 투자할 것을 끊임없이 요구합니다. 이를 거절하면 계약을 해지하기도 합니다. 그리고 설비에 투자한 농가는 무거운 빚을 떠안게 됩니다.

「푸드 주식회사(Food, Inc.)」라는 미국 다큐멘터리 영화에 따르면 두 채의 양계장을 가진 일반적인 농가는 평균 5억 원의 부채를 지고 있지만, 수입은 1년에 1,800만 원 정도라고 합니다. 농가는 거대자본에 완전히 예속된 것입니다. 한편 소비자는, 잉여가치를 최대로 뽑아내기 위해 항생제가 듬뿍 사용된 고기를 먹을 수밖에 없습니다.

생명을 다루는 의료분야는 문제가 더 심각합니다. 작은 규모의 제약회사는 신약 개발에 불리한 탓에 소수의 거대기업이 시장을 지배하고 있습니다. 거대 제약회사는 이윤율이 낮은 약의 공급을 중단하거나 가격을 터무니없이 비싸게 책정하기도 합니다.

자본 축적과 집중을 통해 거대화한 기업은 이처럼 막강한 권력을 가지며, 소수의 자본가 이외의 모든 인간은 그 노예와 다름없이 되어 버립니다.

X

자본이 거대해지는 메커니즘

돈이 돈을 버는 구조에 의해 부자는 점점 부유해지고 자본도 거대화합니다. 인간 사회의 부는 한정되어 있기에 부자가 더 부유해지는 만큼 가난한 사람은 더 곤궁해집니다. 자원 채굴 등으로 전 세계의 부는 증가하고 있지만, 돈이 돈을 버는 속도는 그것을 능가합니다. 아무리 실물경제의 부가 증가해도 경제활동은 결국 제로섬 게임이 되는 것입니다. 이는 자본주의 사회의 근원적인 문제입니다. 이 장에서는 자본이 거대화하는 구조에 대해 알아보겠습니다.

64

단순
재생산

사회는 소비를 중단할 수 없으며, 생산도 중단할 수 없다. 그렇기에 사회의 생산과정 전체를 보면, 모든 생산과정은 곧 재생산과정이기도 하다.

예컨대 올해 1,000만 원의 자본이 200만 원의 잉여가치를 창출했다면 그 과정은 이듬해에도 반복되어야 한다.

만일 주기적으로 획득한 잉여가치를 자본가가 그때그때 소비한다면 그것은 '단순재생산'이다. 이 단순재생산은 그저 과거의 규모를 유지하면서 생산과정을 반복할 뿐이지만, 불연속적인 과정과는 명확히 차이가 있다.

【자본론 제1권 제23장】

━━ 자본가는 자본으로 획득한 잉여가치로 자동차나 별장을 사거나 애인에게 다이아몬드를 선물해 모조리 소비할 수도 있습니다. 이 경우 잉여가치는 자본에 첨가되지 않고 자본은 이전과 같은 양을 유지합니다. 자본가가 사치스러운 생활을 하지 않아도 잉여가치가 적어서 자본이 증가하지 않는 예도 있습니다. 이처럼 자본이 증가하지 않고 그대로 유지되면서 생산이 반복되는 것을 '단순재생산'이라고 말합니다.

단순재생산은 뒤에 나오는 '확대재생산'과 비교됩니다. 확대재생산이란 잉여가치가 자본의 규모를 점점 불리는 것을 말합니다. 자본가에게 바람직한 쪽은 당연히 확대재생산입니다. 확대재생산을 통해 거대해진 회사는 단순재생산을 되풀이하는 작은 기업보다 경쟁에서 유리합니다.

그렇다면 반대로 자본의 규모가 축소되는 재생산은 없는 걸까요? 물론 현실에서는 잉여가치가 마이너스가 되어 자본이 점점 줄어들고 도산하는 회사도 있습니다.

다만 여기서 말하는 단순재생산과 확대재생산은 자본이 정상적으로 작동할 때를 해설하는 '모델'입니다. 충수절제술을 받은 사람이 많다고 해서 학교에 두는 인체모형의 형태를 바꾸지는 않는 것과 마찬가지입니다. 정상적인 동작을 설명하는 모델에 불규칙한 현상을 반영할 필요가 없기 때문입니다.

65

두 종류의
소비

노동자는 두 가지 방법으로 소비한다.

첫째는 '생산적 소비'다. 노동자는 노동을 통해 생산수단을 소비하고, 투하된 자본보다 가치가 큰 상품으로 전환한다. 이는 노동자의 생산적 소비이며 동시에 그의 노동력을 구매한 자본가가 노동력을 소비하는 것이기도 하다.

둘째는 '개인적 소비'다. 노동자는 노동력의 대가로 지급받은 돈을 자신의 생활을 유지하는 데 지출한다. 이는 노동자의 개인적 소비다. 노동자의 생산적 소비와 개인적 소비는 서로 전혀 다른 것이다.

첫 번째 소비에서 노동자는 자본가에게 속해 있지만, 두 번째 소비는 노동자 자신에게 속해 있다.

【자본론 제1권 제23장】

━━ 직장인이 회사에서 A4용지에 보고서를 작성하는 것은 A4용지라는 생산수단을 소비하는 것입니다. 그가 점심으로 덮밥을 먹거나 휴식 시간에 커피를 마시는 것은 개인적인 소비입니다.

그러나 직장인들이 낮에 회사에서 나와 덮밥을 먹고 회사로 돌아가는 것은 마치 자동차에 휘발유를 넣는 것과 비슷합니다. 그들이 점심을 먹은 이유는 애인과 데이트를 하기 위해서도 아니며 집에서 아이와 놀기 위해서도 아닙니다. 그저 회사에 돌아가 오후 업무를 이어가기 위해 먹었을 뿐입니다. 자기 지갑에서 점심값을 낸 그는 휘발유 대금을 스스로 낸 자동차나 마찬가지입니다. 오후 3시에 지친 머릿속을 환기시키고자 커피를 사 마시는 것도 마찬가지입니다. 그가 회사에 다니는 동안은 개인적인 소비까지 고스란히 업무를 위한 소비가 됩니다.

복지가 좋은 회사는 식사를 무료로 제공하기도 합니다. 일례로 마이크로소프트(Microsoft)는 커피 등의 음료를 무제한으로 사원에게 제공합니다. 하지만 그것들은 모두 급여의 일부입니다. 그 사실을 뒷받침하듯 마이크로소프트의 임금은 다른 IT 계열 대기업보다 조금 낮은 편이라고 합니다. 회사의 경비에는 급여 외에도 복리후생비가 포함되어 있기 때문입니다.

업무에 집중하고자 마신 커피는 회사를 위한 소비지만 마치 자신을 위한 소비처럼 보입니다. 회사에 따라서는 잉여가치에 영향을 주지 않는 범위에서 개인적 소비물을 무료로 제공하고, 사원들은 이를 고맙게 여깁니다. 이것이야말로 '착취의 은폐'라고 표현할 수 있습니다.

66

개인적
소비

근무일에 노동자는 마치 엔진에 연료를 넣듯이 자신의 노동력을 유지하기 위해 개인적 소비를 한다. 이는 생산수단에 필요한 소비이기도 하다.

그의 개인적 소비는 곧 생산적 소비가 된다. 그러므로 자본가는 일거양득의 효과를 얻는다. 노동력에 사용한 자본이 노동력이라는 생산수단을 유지하는 데도 쓰이기 때문이다.

짐을 옮기는 가축이 풀을 뜯는 것은 그들이 좋아서 하는 일이지만 생산에 있어서도 반드시 필요한 행동이다. 마찬가지로 노동자계급이 자기 생활을 유지하거나 번식하는 것은 자본의 재생산을 위한 필요조건이다. 자본가는 이 조건의 충족을 노동자의 자기보존 본능에 맡기는 한편, 노동자의 개인적 소비를 꼭 필요한 한계선까지 줄이려고 한다.

【자본론 제1권 제23장】

━━ 필자가 아는 어느 게임회사의 대주주는 개발자의 급여가 너무 적다며 지적하는 임원의 말에 이렇게 답했다고 합니다. "자기가 좋아서 게임을 만드는데 왜 높은 급여를 줘야 하나?" 아직 회사 규모가 작았던 시절의 일화인데 그 회사는 점점 성장해 지금은 세계적으로 이름난 대기업이 되었습니다. 이처럼 가혹한 사고방식을 가진 대주주의 존재가 더 많은 잉여가치를 창출해 회사의 규모를 빠르게 성장시키는 원동력이 되었는지도 모르겠습니다.

게임회사는 다른 회사에 비해 대학 동아리의 연장선과 비슷한 면이 있습니다. 자본가는 동아리 친구들과 같이 일하는 듯한 분위기를 교묘하게 이용해 개발자가 창출한 잉여가치를 착취하고 있었던 셈입니다.

직원이 회사에서 긴 시간을 보낼수록 개인적인 소비와 업무를 위한 소비의 구별이 모호해집니다. 직원이 자신을 위해 하는 행동까지 모두 자본가의 부를 증대시키는 행동이 되는 것이죠. 당연히 자본가는 일거양득입니다. 여기에 자본가는 노동력을 유지할 수 있는 최저한의 선까지 직원의 개인적인 소비에 드는 비용을 줄이려고 하며, 이 또한 자본가의 잉여가치 증대로 이어집니다.

자본가의 입장에서 중요한 것은 직원이 '나는 나 자신을 위해 일하며 쉬고 있다.'라는 환상을 품게 만드는 것입니다. 교묘하게 은폐하면 할수록 생산성은 높아지며 직원의 개인적인 소비도 자본가의 이익으로 만들 수 있습니다.

67

노동자는 스스로
자본에 예속된다

자본주의적 생산과정은 노동자를 착취하기 위한 조건을 영속
시키려 한다.

즉, 노동자들이 생존을 위해 노동력을 팔지 않을 수 없게 하며
자본가들을 풍요롭게 해주도록 만든다. 자본가는 노동자가 생
산한 부를 이용해 다시 노동력을 산다.

노동자는 시장에서 노동력의 판매자가 되어 자본가와 만나지
만, 사실 노동자는 자본가에게 자신을 팔기 전부터 이미 자본
에 예속되어 있다. 그것은 노동력 판매의 주기적인 갱신과 고
용주의 변경 속에 은폐되어 있다.

【자본론 제1권 제23장】

━━ 영화 등에서 폭력배가 빚을 갚지 않은 사람을 산으로 끌고 가 자신의 무덤이 될 구덩이를 스스로 파게 하는 장면을 본 적이 있나요? 자신이 행한 노동을 통해 자본에 예속되는 사람의 입장도 그와 비슷합니다.

봉급생활자는 대부분 자신의 임금에 불만을 느낍니다. 세계에서 손꼽히는 경제대국, 소위 부자나라도 예외는 아닙니다. 돈은 전부 어디로 가 버린 것일까요? 직원의 노동이 만들어낸 부 가운데 일부는 회사가 그 직원을 고용하는 데 쓰입니다. 이는 흥미로운 사실입니다. 자본은 직원을 고용하기 위해 아무것도 하지 않습니다. 직원이 받는 임금은 결국 그 자신이 번 돈입니다.

노동자들은 분명 부를 생산하고 있지만, 그것은 자본가에게 공짜로 주는 몫과 노동자 자신을 자본에 예속시키는 몫으로 나뉩니다. 전자는 잉여노동이 창출한 부이며, 후자는 필요노동이 창출한 부입니다. 창출한 부 전부가 자본에 대한 예속을 강화하는 악순환을 일으키는 셈입니다.

이것이 아무리 사회가 발달하고 국가가 발전해도 피고용자계급은 부유해지지 않는 이유입니다. 그리고 이 구조를 유지시키는 것은 피고용자 자신의 노동입니다. 노동자는 열심히 자신의 발에 채울 족쇄를 만드는 셈입니다. 노력하면 할수록 자신을 더 단단히 자본에 묶어 두게 됩니다.

68

자본의
축적

지금까지 우리는 자본에서 잉여가치가 어떻게 생겨나는지 살펴보았는데, 이제는 '잉여가치에서 자본이 어떻게 생겨나는지'를 알아봐야 한다. 잉여가치를 자본에 첨가해 자본으로 재전환하는 것을 '자본축적'이라고 부른다.

자본을 축적하려면 잉여생산물 중 일부를 자본으로 전환해야 한다. 그런데 자본으로 전환할 수 있는 것은 오로지 원료 등의 생산수단과 노동자의 생활 유지에 쓰이는 생활수단뿐이다. 그리고 그 요소들이 실제 자본으로 기능하게 만들기 위해서 자본가계급은 추가 노동력이 필요하다.

이렇게 자본은 임금에 의존하는 노동자계급을 더 고용하고, 재생산과정을 거쳐 자본은 점점 증대한다.

【자본론 제1권 제24장】

━━ 마르크스가 여기서 설명하는 것은 '**확대재생산**'에 관한 내용입니다.

자본이 생산한 모든 잉여가치 혹은 그 일부를 자본가가 소비하지 않고 자본에 첨가함으로써 자본은 증대합니다. 재투자에 의한 생산수단(원료와 도구)의 증가는, 그 생산수단을 이용해 더 많은 상품을 생산하기 위한 추가 노동력이 필요함을 의미합니다. 그래서 자본가는 노동자를 더 고용합니다. 이러한 과정을 되풀이하면서 생산 규모는 점점 커집니다.

한편 자본주의 시스템 안에서는 자본축적이 일종의 알력으로 이어집니다. 바로 규모를 키우고자 하는 자본가들 사이의 대립입니다. 이것은 필연적으로 벌어지는 자본가계급과 노동자계급의 대립과는 또 다른 싸움입니다. 당연히 규모가 큰 회사가 작은 회사보다 유리하므로 자본가는 살아남기 위해 자신의 영역을 확대하려고 합니다.

자본가 간의 경쟁은 자본가에게도 골치 아픈 일이지만 노동자계급에게도 좋은 일이 아닙니다. 자본가들이 서로 경쟁하는 이상 노동자를 최대한 착취해 잉여가치를 짜낸 자본가가 살아남을 확률이 높기 때문입니다. '**고래 싸움에 새우 등 터진다.**'라는 속담이 딱 들어맞습니다.

모든 자본가가 단순재생산으로 만족한다면 일어나지 않을 일이겠지만 안타깝게도 자본이라는 것은 자기증식하고자 하는 속성이 있습니다. 또 경쟁해야 하는 이상 자본은 단순히 확대되는 것을 넘어 가능한 한 빠른 속도로 확대되어야 합니다. 그렇기 때문에 노동자를 한계치까지 몰아붙여 잉여가치를 짜내는 것입니다.

69

화폐자본의
순환

화폐자본의 순환은 다음 세 단계를 거친다.

1. 돈 → 상품

   (자본으로 생산수단과 노동력을 구매)

2. 상품 ⇒ 생산과정 ⇒ 상품′

   (자본가가 생산수단과 노동력으로 상품을 생산)

3. 상품′ → 돈′

   (자본가가 자신이 생산한 상품을 판매해 돈을 획득)

1단계 '돈 → 상품'에서 상품은 노동력과 생산수단을 뜻한다.
자본가가 상품으로 구매한 노동력과 생산수단은 생산을 위한
생산자본이다. 이 전체 순환은 다음과 같이 나타낼 수 있다.

돈 → 상품 ⇒ 생산과정 ⇒ 상품′ → 돈′

【자본론 제2권 제1장】

━━ 피자가게를 예로 생각해 봅시다. 피자가게를 개업한 주인(자본가)이 조리에 필요한 화덕, 칼, 프라이팬 등의 도구를 구입했습니다. 그리고 밀가루, 햄, 피망, 치즈 등의 원료도 샀습니다. 이 도구와 원료는 불변자본입니다. 또한 주인은 자신의 사촌을 조리 담당자로 고용하고 그를 도울 보조 조리사와 서빙을 담당하는 점원도 고용했습니다. 이 종업원들은 가변자본입니다.

돈을 내고 산 원료, 도구, 노동력 따위의 상품은 생산과정을 거쳐 피자라는 상품으로 변신합니다. 피자를 만드는 데 쓴 밀가루, 치즈 등의 비용은 그 가치가 그대로 피자에 더해집니다. 화덕 등의 도구를 사는 데 들인 돈도 도구의 감가상각비만큼 피자에 더해집니다. 불변자본은 처음 구매할 때 들인 가치 이상은 만들어내지 않으며 자신의 가치를 그대로 피자로 옮길 뿐입니다. 그러나 조리 담당자, 보조 조리사, 점원의 노동은 자신이 받는 임금 이상의 가치를 생산합니다. 그렇지 않으면 주인은 이익을 얻을 수 없습니다.

자본가가 구매한 상품은 생산과정을 거쳐 '상품'', 즉 피자가 되는데, 그 가치는 생산과정을 거치기 전보다 증가합니다. 그 중

가분은 고용한 조리 담당자, 점원 등의 노동력에서 나온 것이지, 생산수단에서 얻어진 것이 아닙니다.

원문은 앞서 소개한 '돈 → 상품 → 돈''의 과정 가운데 '상품'을 노동력과 생산수단으로 분해함으로써 한눈에 알기 쉽도록 설명하고 있습니다.

70

생산자본의
순환

생산자본의 순환은 다음과 같이 나타낼 수 있다.

생산자본 ⇒ 상품 → 돈 → 상품′ → 생산자본

생산자본은 노동력과 생산수단으로 구성되므로 이 순환은 다음과 같이 정리할 수 있다.

생산자본 ⇒ 상품 → 돈 → 상품′ ⟶ 노동력

⟶ 생산수단 ⇒ 생산자본′

확대재생산에서는 이 순환으로 생산자본이 증대한다.

단순재생산에서는 이 순환으로 생산자본의 규모는 변하지 않는다.

【자본론 제2권 제2장】

━━ 앞서 살펴본 화폐자본의 순환과 달리, 이번에는 생산자본을 중심으로 한 순환입니다. 생산자본이란 생산에 사용된 자산을 의미합니다. 피자가게를 예로 들면 화덕, 칼, 프라이팬 따위의 조리 도구, 주방 시스템 전체가 생산자본에 해당합니다.

'생산자본 ⇒ 상품'은 화덕(생산자본)에서 피자(상품)가 나오는 장면을 상상하면 이해하기 쉽습니다. 그리고 '생산자본 ⇒ 상품 → 돈'은 손님에게 피자를 팔아서 돈을 번 것에 해당합니다. '생산자본 ⇒ 상품 → 돈 → 상품''은 벌어들인 돈으로 더 많은 피자를 만들기 위해 밀가루와 치즈, 노동력을 추가로 구매한 예를 나타냅니다.

여기서 주목할 점은 '상품''이 노동력과 생산수단으로 나누어지는 부분입니다. 노동력은 점원이나 조리 담당자에게 지급하는 임금, 생산수단은 밀가루와 치즈 등을 구매한 비용입니다. 생산수단에는 도구도 포함되며 화덕이나 칼이 마모되어 교환할 때 추가로 돈이 듭니다. 도구의 마모와는 별개로 피자가게가 번창해 화덕을 증설했다면 그것은 생산수단의 증가를 뜻합니다.

자본의 순환을 몇 번이고 되풀이하고, 화폐자본의 순환에서 보았던 '돈''의 증가분이 축적되면 새로운 화덕을 구매할 자금이 준비됩니다. 화덕의 개수가 늘어나서 생산 규모가 커졌다는 것은 생산자본의 증가를 뜻합니다.

만약 가게 주인이 규모가 큰 피자가게 경영을 목표로 한다면 그는 생산자본의 규모를 증대하는 데 주력할 것입니다. 자본가가 자본의 규모를 증대해 경쟁력을 유지하고자 하는 것은 자연스러운 흐름입니다.

원문에서는 자본의 순환을 두 가지 관점에서 살펴봅니다. 앞서 나온 내용은, 돈을 중심으로 한 화폐자본의 관점에서 본 순환이며, 여기서는 생산규모를 중심으로 한 생산자본의 관점에서 본 순환을 말하고 있습니다.

자본주의의 폭주와 변증법

자본주의 사회의 특징은 부자는 점점 부유해지고 가난한 사람
은 점점 가난해진다는 것입니다.

다시 주민이 10명밖에 없는 세상을 상상해 봅시다. 그들은 각
각 1,000만 원의 자산을 가지고 있습니다. 따라서 이 세상에는
총 1억 원의 부가 존재합니다. 그리고 10명 중에서 자본가는 1
명뿐입니다. 그의 비즈니스는 급성장해 1년 만에 재산이 15%
나 증가했습니다. 시간이 흐르면 어떤 일이 벌어질까요?

10년 후 자본가의 재산은 4,000만 원을 돌파했습니다. 또다시
5년이 지나자 자본가의 재산은 8,000만 원을 넘겼습니다. 이
세상의 부는 총 1억 원이므로 나머지 9명의 재산을 전부 합쳐
도 2,000만 원입니다. 자본가 1명의 재산이 나머지 9명의 재산
을 합한 것보다 4배나 커졌습니다.

앞서 자본은 돈을 버는 돈이라고 말했습니다. 물론 현실에서는
자원 채굴 등으로 세계 전체의 부가 증대하기 때문에 전 세계
의 부가 1억 원에 머물 리는 없습니다. 하지만 자원에는 한계가

있으므로 세계의 총생산량은 복리의 원리대로 증가하지 않습니다. 반면에 자본가의 부는 복리로 불어납니다.

더 간단히 생각해 볼까요. 앞서 예를 들었던 자본가가 은행 소유자라고 가정합시다. 그는 돈을 빌려준 대가로 이자를 얻으므로 재산은 복리로 불어납니다. 물론 15%보다는 낮겠지만 자본이 복리로 불어나는 속도는 세계의 총생산량이 증가하는 속도를 뛰어넘습니다. 그러므로 자본가의 부 이외의 모든 부는 감소해야 합니다. 이 세상에 자기증식하는 부가 존재하는 이상 부자는 점점 많은 부를 소유하게 되고, 그에 따라 나머지 사람들의 재산이 감소하는 것이 자본주의 사회의 숙명입니다.

마르크스는 '변증법'을 통해 새로운 가치관이 모순투성이인 자본주의를 대체할 것이라 예상했습니다. 변증법이란 무엇일까요? 변증법은 고대 그리스에서 '문답법'이라 불린 방법으로 헤겔(Georg Wilhelm Friedrich Hegel)에 의해 그 형식이 확립되었습니다. 인터넷 게시판의 댓글을 상상하면 이해하기 쉽습니다.

처음 누군가가 "개는 고양이보다 주인을 사랑한다."라고 주장합니다(정명제). 그러자 다른 이가 "개는 집단생활을 하는 동물이라 그렇게 보이는 것이다. 주인을 더 사랑하는 쪽은 고양이다."라고 반론합니다(반명제). 그 글을 본 또 다른 이가 "고양이나 개나 표현하는 방식이 다를 뿐 둘 다 주인을 사랑한다."라는 댓글을 남깁니다. 이 마지막 댓글은 정명제와 반명제를 통합한 것으로, 합명제라고 부릅니다.

변증법은 이러한 과정을 되풀이하면서 논리적으로 접근하다 보면, 인간이 도출할 수 있는 가장 합리적인 결론에 다다르게 된다는 개념입니다. 변증법이 이루어지는 '정명제 → 반명제 → 합명제'의 과정을 '정반합'이라고도 합니다.

변증법은 간단히 '논리적 유추', '과학적 유추'라고 바꾸어 말할 수 있을 것입니다. 마르크스의 『자본론』 역시 '부는 상품의 모음이다.'라는 명제에서 출발해 논리적으로 이론을 전개합니다. 이러한 변증법 또는 논리적인 추론을 통해 자본주의의 문제가 드러나면 사람들이 이를 개혁하기 위해 일어설 것이라 마르크스는 예상했습니다.

그러나 결국 공산주의는 '다음 체제'가 되는 데 실패했습니다. 이 자본주의가 영원히 계속될지, 아니면 새로운 체제가 자본주의를 변혁하거나 아예 대신하게 될지는 아무도 모르는 미래의 이야기겠지요.

XI
자본주의는 공황을 피할 수 없다

지진은 주기적으로, 그러나 불시에 발생한다는 사실을 우리는 알고 있습니다. 지진은 지구 표면을 이루는 판의 구조 때문에 발생하는 구조적인 문제입니다. 마치 지진처럼 주기적으로 예상치 못했을 때 공황이 찾아온다는 사실 역시 21세기의 우리는 잘 알고 있습니다. 공황도 자본주의의 구조에 따른 문제입니다. 지진이 지구의 구조 때문에 발생하는 문제이듯이 공황은 자본주의 시스템 자체가 일으키는 문제입니다. 마지막 장에서는 공황에 대한 이야기를 풀어 보겠습니다.

71

경쟁과
신용제도

자본 집중을 위한 가장 강력한 두 가지 지렛대는 경쟁과 신용
제도다.

신용제도는 처음에는 자본축적의 겸손한 조수로서 은밀하게
들어온다. 그리고 사회에 흩어져 있는 화폐를 눈에 보이지 않
는 실로 끌어와 자본가의 손에 쥐어준다. 그것은 얼마 지나지
않아 경쟁전에서 무시무시한 무기로 변신한다. 그리고 모든 종
류의 자본 집중을 위한 거대한 사회적 메커니즘이 된다.

【자본론 제1권 제25장 제2절】

━━ 자본 간의 경쟁이 자본을 집중시킨다는 사실은 이미 살펴 봤습니다.

그렇다면 원문에 있는 '신용제도'란 무엇을 가리키는 것일까요? 간단히 말해서 **'금융'**입니다. 금융은 필요한 사람에게 돈을 빌려주고 그 대가로 이자를 받는 비즈니스입니다. 금융은 돈을 빌린 사람이 나중에 원금과 이자를 갚을 것이라는 '신용'을 전제로 합니다. 그래서 금융 시스템을 '신용제도'라고 부르는 것이죠.

회사 합병이나 기업 규모를 키우기 위해 투자하려면 자금이 필요합니다. 잉여가치를 차곡차곡 축적해 자본의 규모를 증대하는 것도 하나의 방법이지만, 경쟁사가 은행에서 빌린 거금을 무기로 공격적인 투자에 나선다면 승부는 한순간에 끝납니다. 경쟁에서 살아남기 위해서라도 돈을 빌려 자본의 규모를 키우는 것이 필요합니다.

기업이 빌린 자금은 재무제표에 부채로 나타납니다. 재무제표는 전체 자산을 **자본과 부채로 분류**합니다. 간단히 말해서 자본은 자신의 돈이고 부채는 타인의 돈으로, 자신의 돈과 타인의 돈을 합한 것이 총자산입니다. 타인의 돈이란 보통 은행 등의 금융기관에서 빌린 차입금을 가리킵니다.

재무용어로 '자본'이라고 하면 단순히 자신의 돈을 의미하지만, 『자본론』에서 말하는 자본은 재무제표의 자산에 해당합니다. 강력하고 거대한 자본을 구성하는 요소는 자신의 돈이든, 타인에게 빌린 돈이든 상관없습니다.

타인에게 돈을 빌려 자본을 두 배로 부풀리면 얻어지는 이익도 두 배가 됩니다. 이처럼 타인의 자본을 이용해 자기자본의 이익률을 높이는 전략을 레버리지(leverage)라고 합니다. 레버리지는 자본의 탐욕으로 인해 추후 공황을 일으키는 원인이 되기도 합니다. 이에 대해서는 뒤에서 다시 살펴볼게요.

72

생산부문의 차이로
발생하는 불균형

사회의 총생산은 두 가지 부문으로 나뉜다.

Ⅰ. 생산수단(생산재)을 생산하는 부문

Ⅱ. 소비재를 생산하는 부문

그리고 두 부문 모두 가변자본과 불변자본으로 구성된다.

Ⅰ부문(생산수단 부문)이 Ⅱ부문(소비재 부문)에서 상품을 구입했다고 가정하자. 이 상품의 가격에는 Ⅱ부문이 상품을 생산할 때 사용한 기계의 감가상각비가 포함되어 있다. 그래서 Ⅱ부문은 추후 기계를 교체할 때를 대비해 일정 금액을 사용하지 않고 적립해 둔다. 예를 들어 Ⅰ부문이 2,000만큼을 구입했는데, 그중 200이 기계의 감가상각에 해당한다면 Ⅱ부문은 200만큼 사용하지 않고 적립해 둔다. 그리고 그 적립분은 기계를 교체할 때까지 한동안 Ⅰ부문으로 되돌아가지 않는다.

따라서 Ⅰ부문은 Ⅱ부문과 비교해서 200만큼 과잉생산한 셈이 된다.

【자본론 제2권 제20장】

━━ 원문이 어렵다면 해설 부분만 읽어도 좋습니다.

이 세상에 단 두 회사만 있다고 가정해 봅시다. 생산용 기계를 만드는 '㈜기계회사'와 식료품을 만드는 '㈜식품회사'입니다. 기계회사에 근무하는 노동자나 그 자본가는 생명을 유지하기 위해 식품회사에서 먹을 것을 구매합니다. 한편 식품회사는 생산용 기계가 필요하므로 기계의 수명이 다하면 기계회사에서 기계를 구매합니다.

이때 기계회사 직원의 소비와 식품회사 직원의 소비에는 차이가 발생합니다. 기계회사가 먹을 것을 구매하면 **식품회사는 매출 일부를 적립해 둡니다**. 그 적립금은 나중에 생산용 기계를 사기 위한 자금입니다. 반대로 식품회사가 기계를 구매할 때 **기계회사는 매출 일부를 적립할 필요가 없습니다**. 기계회사는 생산에 필요한 기계를 스스로 만들 수 있으니까요.

따라서 식품회사에서 **빠져나간** 돈은 기계회사에서 **빠져나간** 돈보다 항상 적습니다. 식품회사는 기계회사와는 달리 매출 일부를 다음번 기계 교체에 대비해 저축해야 하기 때문입니다. 이 같은 상태는 기계의 수명이 다해 새로운 기계를 살 때까지 계속됩니다.

단순화한 예시를 들어보았는데 요점은 전해졌으리라 생각합니다. 생산물의 종류나 성질에 따라 생산과 소비의 주기가 다르고, 그 괴리에서 불균형이 발생합니다. 그리고 다양한 원인으로 인해 불균형의 기간이 길어지면 공황(과잉생산으로 인해 물가 폭락, 실업 증가, 은행 파산 등이 일어나는 현상)이 발생할 수 있는 것이죠.

73

생활필수품과
사치품

Ⅱ부문(소비재 생산부문)의 노동자는 Ⅱ부문의 자본가에게 받은 임금으로 자신의 생산물 일부를 구매한다. 다시 말해 Ⅱ부문의 노동자는 노동력에 투하된 자본을 다시 화폐의 형태로 바꿔 되돌려주는 것이다.

Ⅱ부문의 생산물은 '생활필수품'과 '사치품'의 두 가지로 분류할 수 있다. 생활필수품은 자본가와 노동자 모두가 소비하지만, 사치품은 자본가계급의 소비에 한정되며 노동자를 착취해 얻은 잉여가치의 지출로 교환이 이루어질 뿐이다.

그런데 공황이 발생하면 사치품의 소비가 줄어든다. 사치품 생산에 투하된 가변자본이 화폐자본으로 전환되지 않고 정체되는 것이다. 그래서 사치품을 생산하는 노동자는 해고되고, 이로 말미암아 노동자들이 소비하던 생활필수품의 판매도 줄어든다.

【자본론 제2권 제20장】

━━ 경기가 나쁠 때는 고가 상품과 저가 상품의 소비 경향이 양극화되는 현상이 나타난다고 합니다.

경기가 나빠도 부자는 늘 그랬듯 고가의 상품을 살 수 있지만, 가격이 평균이거나 저렴한 상품을 사던 중산층계급은 더 값싼 상품을 찾게 됩니다. 이러한 경향이 '다이소' 같은 저렴한 균일 가 매장의 등장 배경인지도 모릅니다. 결과적으로 중간 가격의 상품은 팔리지 않고, 고가이거나 저가인 양극단의 상품만 팔리게 됩니다. 그리고 이 현상은 중산층계급의 몰락을 의미합니다.

공황이 일어나면 부자도 소비를 줄입니다. 즉 사치품의 판매가 감소하지요. 실제로 2008년 세계 금융위기가 발생하자 대형 저택과 요트 판매율이 뚝 떨어졌다고 합니다. 물론 저택이나 요트는 극단적인 사례지만, 값비싼 상품의 소비가 전반적으로 감소하는 것은 사실입니다.

이때 사치품을 생산하던 자본가는 노동력에 드는 비용을 줄이려고 합니다. 임금을 삭감하거나 피고용자를 해고하는 거죠. 그로 인해 피고용자계급이 쓸 수 있는 돈이 줄어들면 사회 전반의 소비도 줄어듭니다. 하나하나의 사건이 연쇄반응을 일으켜 악순환이 이어지고 경제는 수렁에 빠집니다.

74

공황

지불능력이 있는 소비나 소비자의 부족 때문에 공황이 발생한다는 말은 그저 동어 반복에 지나지 않는다. 자본주의에서는 극빈층이나 도둑의 소비를 제외하면 모두 '지불능력이 있는 소비'이기 때문이다. 상품이 팔리지 않는 것은 그저 상품에 대한 지불능력이 있는 구매자를 찾을 수 없음을 의미할 뿐이다.

만약 누군가가 "노동자계급이 생산에 걸맞지 않은 보수를 받고 있으므로 더 많은 임금을 주면 문제가 해결된다."라는 식의 그럴싸한 말을 한다면 이렇게 지적해야 한다. 공황은 오히려 임금이 오르고, 노동자계급이 생산물의 많은 부분을 임금으로 받는 그때 닥칠 준비가 되어 있다고 말이다. 건전하고 단순한 상식을 지지하는 이들의 관점에서 그런 시기는 반대로 공황이 없어지는 게 당연하다고 생각될 것이다.

자본주의적 생산은 선의나 악의와는 무관한 모종의 상태로 구성되어 있으며 그 상태가 노동자계급의 번영을 일시적으로만 허용하는데, 그 허용이 공황의 전조인 듯 보인다.

【자본론 제2권 제20장】

━━ 사실 현대 주류 경제학의 이론으로는 공황의 원인을 분석할 수 없습니다. 자본주의 사회에서 주기적으로 발생하는 현상을 주류 경제학 이론으로 설명할 수 없다는 게 의아할 테지만 현실이 그렇습니다. 애초에 공황의 메커니즘을 정확히 알았다면 2008년 세계 금융위기를 사전에 막았을 것입니다. 누구도 그 원인과 해결책을 알지 못하는 것이 공황입니다.

『자본론』의 핵심 두 가지를 고르라고 한다면 '잉여가치'와 '공황'을 꼽을 수 있습니다. 하나만 선택해야 한다면 잉여가치론이겠지만, 자본주의에서 주기적으로 공황이 일어나는 것은 필연적이라고 주장한 마르크스의 통찰은 놀라울 정도로 날카롭습니다.

경제적인 번영은 영원히 계속될 것처럼 보이지만, 공황은 그 절정기에 갑자기 덮쳐옵니다. 1980년대 일본의 거품경제를 떠올려 보면 쉽게 이해될 것입니다. 부동산 거래로 3조 원에 이르는 자산을 축적했던 어느 유명가수는 순식간에 파산해 빚더미에 올랐습니다. 공황의 무서운 위력을 실감할 수 있는 사례입니다.

호경기에는 금융의 영향으로 모든 자산이 실제 가치보다 과대평가되며 노동자계급도 비교적 풍족해집니다. 번영을 누리게 된 노동자계급도 사치하는 생활을 시작하지만, 그것은 일시적인 현상입니다. 그 끝에는 언제나 공황이 기다리고 있습니다. 자본주의의 특징은 번영이 공황으로 끝나고, 또다시 번영이 찾아오는 흐름이 주기적으로 반복된다는 것입니다.

75

자본주의적 생산의 동기는
축적이다

단순재생산이 이루어진다고 가정하면, Ⅰ부문(생산수단 부문)과
Ⅱ부문(소비재 부문)에서 생산된 모든 잉여가치는 자본에 첨가
되는 일 없이 자본가의 수입으로서 소비된다.

그러나 사실 자본가의 수입은 잉여가치의 일부이며, 나머지는
모두 자본으로 전환된다. 현실의 축적은 이를 전제조건으로 이
뤄진다.

축적이 소비의 비용을 통해 이뤄진다는 생각은 자본주의적 생
산의 본질과 모순되는 허상이다. 자본주의적 생산의 목적과 동
기를 잉여가치의 획득과 그의 자본화(즉 축적)가 아니라 소비라
고 정의하고 있기 때문이다.

【자본론 제2권 제21장】

━━ '불황을 극복하려면 더 많이 소비해야 한다'는 주장을 들어본 적 있을 겁니다. 대중이 많은 돈을 시장에 떨어뜨리면 그 돈이 기업에 유입되어 선순환이 일어난다는 논리입니다.

그러나 원문은 이 주장이 잘못되었다고 갈파합니다. 자본주의 시스템에서 경제가 성장하는 원동력은 소비가 아니라 잉여가치의 획득과 자본의 증식입니다. 자본은 끊임없이 증식하는 반면 노동자계급의 부는 그만큼 감소합니다. 자본이 불어날수록 대중의 구매력은 떨어집니다. 피고용자계급의 임금에는 한계가 있기 때문입니다.

수요에는 한계가 있는데 자본은 자기증식을 위해 생산을 멈추지 않고, 결국 과잉생산으로 이어집니다. 생산력과 소비력의 차이, 그 괴리에서 불황이나 공황이 발생하는 것입니다. 이러한 괴리가 해소되지 않는 이상 아무리 화폐를 발행하고 금리를 낮춘들 수요나 투자가 증가할 수 없습니다. 자본을 투자해도 그것이 증식하지 못하면 투자가 활발해질 수도, 고용이 활발해질 수도 없습니다. 각국 정부가 아무리 노력해도 자본주의의 구조적 결함에 따른 불황의 근본 원인은 해소되지 않습니다.

76

공황은
모순에 대한 회답

공황은 자본주의의 모순에 대한 순간적이고 강제적인 해결책이다. 왜곡된 균형을 일시적으로 다시 회복시키는 급격한 폭발이다.

모순은 자본주의적 생산이 그것의 가치나 잉여가치, 생산이 이루어지는 사회적 상황과 관계없이 생산력을 증대하려는 경향때문에 발생한다.

자본의 목적은 기존 가치를 유지하면서 최대한의 자기 확장을 하는 것이다. 자본은 기존 가치를 이용해 최대한 증식하려고 하는데, 그 목적을 달성하기 위해 사용하는 방법이 이윤율을 저하시키거나 기존 자본의 가치를 하락시키거나 기존 생산시스템을 버리고 새로운 시스템을 도입하는 것 등이다.

반면에 자본의 축적 속도는 이윤율 저하에 따라 느려진다. 자본은 이러한 장벽을 극복하려고 끊임없이 노력하지만, 그 노력이 또 다른 장벽을 만든다.

【자본론 제3권 제15장】

━━ 자본은 자기증식의 욕망을 이루고자 레버리지를 활용하려고 합니다. 레버리지는 금융기관에서 돈을 빌려 자기 자금보다 많은 돈으로 투자하는 전략을 지렛대에 비유한 용어입니다. 예컨대 1억 원을 투자해서 5,000만 원을 얻었다면 10억 원을 투자했을 때 5억 원을 얻게 된다는 계산이 나옵니다.

레버리지 활용이 많아질수록 실제 자산 가격이 왜곡됩니다. 예를 들어 모두가 레버리지를 써서 부동산에 투자한다면 부동산 가격은 실제 가격보다 훨씬 높아집니다. 자본주의 시스템에서는 늘 레버리지가 쓰이므로 자본주의의 호황은 언제나 거품이라고 할 수 있습니다.

컴퓨터 프로그램을 이용해 선물거래 등의 파생상품에 투자하는 기법이 많이 사용되고 있는데, 그것이 농산물 가격 상승의 원인이 됩니다. 펀드의 투자금이 농산물 선물에 많이 투자되면 실제보다 수요가 많은 것처럼 보이고 가격이 왜곡됩니다. 선물거래는 증거금만 있다면 몇 배나 큰 금액의 거래가 가능하므로 그 자체로 레버리지 효과가 있습니다. 이처럼 금융은 레버리지 효과로 자본을 유혹합니다.

자산의 실제 가격이 레버리지로 인해 과대 평가되었을 때 문제는 가격이 조금만 하락해도 실물시장에서 빌린 돈을 갚지 못하는 사람이 생긴다는 점입니다. 그렇게 되면 연쇄반응이 일어나 과대 평가되었던 자산의 가격이 폭락합니다. 많은 사람이 돈을 잃는 사태가 사회 전반으로 확산되면서 금융기관도 줄줄이 파산하고 공황이 오는 것이죠.

77

자본의 장벽은
자본 그 자체다

자본주의적 생산의 진정한 장벽은 자본 그 자체다.

자본과 그 자기증식은 생산의 시작이자 끝이며, 동기이자 목적이다. 생산은 자본을 위한 것에 불과하며 그 반대는 성립하지 않는다.

【자본론 제3권 제15장】

━━ 만약 우리에게 90억 원의 자산이 있다면 '나는 이렇게 많은 돈을 갖고 있어. 이것으로 충분해.'라고 생각할까요? 그럴 리 없을 것입니다. 90억 원의 자산이 있다면 100억 원으로 불리고 싶어지는 게 사람의 마음입니다.

우리가 특별히 욕심쟁이여서가 아닙니다. 자신의 현재 위치보다 더 높은 곳을 목표로 삼고 나아가고자 하는 것은 인간의 본성입니다. 그리고 자본주의 시스템은 이러한 인간의 본성에 기반합니다.

옛날에는 필요한 물건을 만들기 위해 생산 활동을 했지만, 자본주의 사회에서는 자본을 증대하기 위해서 생산 활동을 합니다. 전자와 후자에는 근본적인 차이가 있습니다. 필요한 물건을 만들기 위한 생산이라면 금융기관에서 돈을 빌려 생산 규모를 확대하는 등 무리하게 생산성을 높일 필요가 없습니다. 타인을 착취할 필요도 없습니다. 숲속에서 평화롭게 사는 난쟁이 종족인 드워프들처럼 필요한 만큼만 먹을 것을 생산하면서 다 함께 사이좋게 지내면 그만입니다.

그러나 자본 증대가 목적이라면 '필요한 양을 적당히 생산한다'는 태평한 얘기는 통하지 않습니다. 가능한 한 많은 상품을 짧은 시간 내에 생산하고 이윤을 최대화해야 합니다. 빌릴 수 있는 만큼 돈을 빌려서 레버리지를 활용해 자본이 증식하는 속도를 높여야 합니다.

그러나 생산성 발달은 필연적으로 이윤율을 저하시키므로 자본을 증대하기 위한 노력이 거꾸로 성장을 둔화시키는 요인이 되어 버립니다. 마치 빨리 달리면 달릴수록 공기저항이 강해지고 달리는 속도가 느려지는 현상과 비슷합니다. 레버리지 활용은 자산 가치에 거품을 일으키고, 그 거품이 잠깐이라도 꺼지는 순간 공황이 찾아옵니다. 그렇기에 자본이 성장할 때 가장 무서운 장애물은 자기증식이 목적인 자본 그 자체라고 할 수 있습니다.

78

자본주의적 생산의
한계

자본주의적 생산에는 다음과 같은 한계가 있다.

첫째, 노동생산성의 발전은 이윤율 저하를 수반하며 그것은 주기적으로 공황을 통해 해제되어야 한다는 것이다.

둘째, 생산의 확대와 축소는 부불노동으로 생긴 잉여가치와 그 잉여가치가 사용된 자본의 비율에 따른 것이지, 사회적인 수요와 공급의 관계에 의한 것이 아니다.

【자본론 제3권 제15장】

━━ 자본이 실제 수요와는 상관없이 자기증식을 위해 생산하는 것도 공황의 원인이 됩니다. 알기 쉬운 사례가 1980년대 일본의 부동산 거품경제인데, 과거 네덜란드에는 그보다 더욱 엄청난 현상이 있었습니다.

17세기 무렵 번성기를 누리던 네덜란드는 유럽 최대의 경제 대국이었습니다. 그때 네덜란드에 튤립이라는 새로운 식물이 소개되었습니다. 당시에는 보기 드문 식물로 당연히 고가였는데 이윽고 광란의 사태가 벌어졌습니다. 튤립 알뿌리의 가격이 매일 폭등을 거듭해 1637년 2월에는 튤립 알뿌리 하나가 약 1억 5,000만 원에 거래된 겁니다.

그리고 그 알뿌리의 가격은 순식간에 폭락했습니다. 튤립에 투자한 상인은 파산했고 귀족은 영지를 잃었습니다. 이 사건으로 네덜란드의 경제는 큰 타격을 입었습니다.

지금은 누구나 튤립의 가치를 알고 있으며 냉정하게 판단할 수 있습니다. 그러나 당시는 매일 폭등을 거듭하는 식물이 절호의 투자 기회로 보였을 테지요. 튤립에 투자해서 부자가 된 사람도 많았으니 모두가 레버리지를 최대로 당겨 알뿌리의 가능성에 기대를 걸었을 것입니다.

실물경제에서는 A라는 상품의 가격이 10% 오를 때, 은행에서 돈을 빌려 투자금을 2배로 올리면 20%의 이익을 얻을 수 있습니다. 가격 상승을 목격한 이들이 너도나도 투자하면 A의 수요가 상승하고 가격은 폭등합니다. 그러나 비상식적으로 폭등한 가격은 언젠가 폭락하기 마련입니다. 빚을 내서 A에 투자한 이들은 파산하고, 돈을 빌려준 은행은 원금을 회수하지 못합니다. 이는 금융이 존재하는 한 주기적으로 발생하는 현상이며, 공황이 주기적으로 일어나는 이유이기도 합니다.

DAS KAPITAL

79

금융

신용제도는 국립은행과 이를 둘러싼 대부업자나 고리대금업자를 중심으로 하는 하나의 거대한 집중이다. 신용제도는 그 기생계급에게 산업자본가를 주기적으로 파멸시킬 수 있는 힘을 줄 뿐만 아니라, 가장 위험한 방식으로 현실의 생산에 간섭하게 한다.

그러나 기생계급들은 생산에 관해서 아무것도 모르며 생산과는 아무런 관계도 없다.

【자본론 제3권 제33장】

━━ 공황의 중심에는 금융이 있습니다. 공황의 원인이 이윤율의 저하, 거품 경제, 수요·공급과는 무관한 가격의 왜곡 등에 있음은 앞서 설명했습니다. 금융은 자본의 소유자에게 레버리지를 제공해 그 같은 현상을 더 극단적인 방향으로 이끕니다. 가격은 실체와 동떨어지고 거품은 점점 부풀려집니다.

현대의 수많은 투자펀드사는 시장을 헤집는 주체가 되고 있습니다. 그들은 주식, 채권뿐 아니라 곡물을 비롯한 실물자산에도 직접 투자합니다. 미국의 수학자 제임스 해리스 사이먼스(James Harris Simons)가 설립한 르네상스 테크놀로지(Renaissance Technologies)는 인공위성까지 쏘아 올려 곡물 작황을 감시한다고 합니다. 얼마나 큰 자금이 곡물 관련 투자에 투하되는지 엿볼 수 있는 사례입니다.

그러나 투자펀드사는 곡물 자체에는 관심이 없습니다. 그저 이윤을 얻기 위해 곡물에 투자할 뿐입니다. 그들의 투자는 실물의 가격을 왜곡하거나 시장을 혼란스럽게 만듭니다. 사회에 실재하는 부를 생성하는 활동이 아니며, 합법적인 게임을 통해 타인의 부를 자신의 주머니로 옮기는 행위에 지나지 않습니다.

| 나오며 |

우리는 이 세상을
어떻게 살아야 하는가

책을 다 읽었다면 마르크스의 『자본론』에 담긴 주요 개념 중 90%는 이해했다고 봐도 무방할 것입니다. 원서를 직접 읽어 보면 마르크스 특유의 치밀한 논리 전개를 경험할 수 있겠지만, 결론은 이 책에서 논한 바에 도달할 것입니다.

예를 들어 자본가가 노동자의 노동시간을 연장해 더 많은 잉여가치를 얻고자 한다는 내용을 이 책에서는 비교적 간결하게 설명했습니다. 원서에서는 같은 내용을 복잡하기 이를 데 없는 논리를 구사해 입증합니다.

마르크스를 연구하는 학자가 아닌 이상, 잉여가치의 개념을 즉 각 이해하려면 필요한 부분만 발췌해서 읽는 편이 효율적입니다. 또 『자본론』이 19세기에 집필된 책이라는 점을 고려했을 때, 독자에게 친근한 사례를 제시하는 편이 더 정확한 이해를 돕는 방법이라고 생각합니다.

『자본론』은 논리적으로 구성된 책이지만, 독자를 분노케 하는 힘이 있습니다. 특히 '자본가는 노동자가 만들어낸 잉여가치를 빼앗아 부의 원천으로 삼는다.'라는 이론을 처음 접하면 누구나 충격을 받습니다. 직장인이라면 누구나 자신이 회사를 위해 일하고 있음은 알지만, 이만큼 논리적인 증명을 거쳐 '당신은 자본가를 위해 공짜로 일하고 있다.'라는 주장을 노골적으로 들은 경험은 없을 것이기 때문입니다.

'그럼 나는 이제 어떻게 살아야 할까?' 이 책을 읽고 나면 아마도 이런 고민이 들지 않을까 생각합니다. 『자본론』은 자본주의를 분석할 뿐 대안을 제시하지 않습니다. 마르크스는 자본주의의 대안이 공산주의라고 생각했지만, 그 실패까지 예견할 수 없었던 점은 시대적 한계라고 할 수 있습니다.

비록 공산주의는 실패했지만, 『자본론』이 세계에 미친 영향은 컸습니다. 『자본론』이 등장하기 전까지 '가난은 본인의 책임'이라고 여겨졌으나, 『자본론』의 등장 이후 구조적인 문제도 있음이 밝혀졌습니다. 이러한 인식의 변화는 사회보장제도가 탄생한 계기가 되었습니다. 현대의 여러 자본주의 국가가 복지를 중시하게 된 배경에도 『자본론』의 영향이 있었다고 할 수 있습니다.

특히 북유럽 국가인 스웨덴이나 핀란드는 마르크스의 이상이 잘 구현되었다고 할 수 있는데, 그들은 자본주의와 사회주의의 장점을 살려 세계에서도 손꼽힐 만큼 살기 좋은 사회를 만들었습니다. 이러한 사회를 실현하려면 교육 수준이 높아야 하며 공동체를 위해 헌신적으로 일하는 지도자가 필요합니다. 그렇다고 북유럽 국가의 지도자가 모두 선량했다는 말은 아닙니다. 지도자계급을 감시하는 강력한 체제가 있었기에 가능했던 일입니다.

예컨대 핀란드에서는 전 국민의 납세 현황을 공개합니다. 원한다면 이웃의 기록을 열람할 수 있다는 뜻입니다. 특별한 직업이 없는 옆집 아저씨가 사치스러운 생활을 하고 있다고 상상해 봅시다. 아저씨를 수상하게 여긴 이웃들은 그의 기록 열람을 요청할 수 있고, 마지막에는 세무당국이 움직입니다.

행정도 투명하게 공개됩니다. 공사 비용이 3억여 원 이상인 경우, 공무원이 독단으로 결정할 수 없으며 일반 시민이 참가하는 위원회의 허가를 받아야 합니다. 또 결정된 내용은 당일 인터넷에 공개해야 합니다. 일반 시민은 결정사항에 이의를 제기할 수 있고 위원회는 시민의 이의 제기에 즉시 회답해야 합니다. 정보 공개와 시민 참여를 통해 사회 전체가 투명하게 움직이는 것이죠.

이러한 제도는 시민을 존중함과 동시에 지배계급을 견제하는 효과가 있습니다. 권력이 시민의 손에 있으므로 시민을 무시하는 정치가는 지도자가 될 수 없고, 비도덕적인 자본가가 돈을 남용하거나, 범죄자나 폭력조직이 부를 축적할 수 없습니다. 물론 북유럽 사회가 천국이라는 뜻은 아닙니다. 하지만 『자본론』을 읽고 사회 변혁에 관심이 생겼다면 핀란드나 스웨덴의 정치와 사회를 더 자세히 알아보아도 좋을 것입니다. 정부가 막강한 권력을 쥐고 국민은 그에 따르는 것을 당연하게 여기는 환경에서는 어려울 수 있겠지만, 자본주의의 폭주를 견제할 수 있는 사회를 만들기 위해서는 인식을 바꾸려는 노력이 필요합니다.

사회를 개혁하는 문제와는 별개로 개인은 무엇을 하면 좋을지 고민한 독자도 있을 테지요. 이는 우리 자신은 물론 우리의 자손을 어떻게 교육하는가에 관한 문제이기도 합니다.

영화 「터미네이터」 시리즈에는 기계가 지배하는 미래에서 살아남을 수 있도록 주인공 사라 코너가 아들에게 특수한 교육을 하는 장면이 있습니다. 아들 존 코너는 혹독한 미래에서 살아남아 기계의 지배에 저항하는 조직을 이끌게 됩니다.

현실 세계의 미래가 인간을 살육하는 기계에 지배당할 가능성은 아직은 일러 보이지만, 그보다 먼저 자본주의의 폭주가 불러온 혹독한 시간이 기다리고 있습니다. 인간이 일해서 창조하는 부의 증가율보다 돈이 돈을 버는 속도가 빨라지면서 생기는 구조적인 문제가 빈부 격차를 더욱 심화시킬 것입니다. 우리가 사는 지금보다 아이들이 살아갈 미래는 더 힘겨운 세상이 된다는 뜻입니다.

예전에는 자신의 전공 분야 하나만 공부해도 좋은 회사에 들어가 정년까지 근무할 수 있었습니다. 그러나 미래는 전혀 다른 시대가 될 것이라 학자들은 예상합니다. 미래에서 아이들이 살아남으려면 금융, 투자, 세금, 각종 재산권에 대한 지식은 물론 비즈니스 전략을 세울 수 있는 능력도 길러야 합니다.

제 주변을 관찰해 보면, 부유한 집안의 아이들은 부모의 교육이나 가정 분위기 덕분에 투자와 돈 관리의 기본을 일찌감치 깨우칩니다. 직접 가르치지 않아도 부모의 삶에서 영향을 받아 '살아남는 데 필요한 지식은 무엇인가'를 생각하게 됩니다.

그러므로 나 자신은 물론 자손을 위해서도 자신을 옭아매는 기존 가치관에서 벗어나야 합니다. 우리는 지배계급이 편리를 위해 대중에게 주입해 놓은 가치관에 따라 종종 자신의 이익에 반하는 행동을 합니다. 좋은 아이디어가 있어도 사업을 구상하지 않고 회사가 빼앗아 가는 것을 묵인합니다. 사업을 어떻게 해야 하는지 배운 적도 없고 생각해 본 적도 없기에 그렇습니다. 애초에 자신은 사업과는 거리가 멀다고 단정하기 때문인데, 그 생각을 살짝 틀어서 성공한 사람은 많이 있습니다.

일본의 어느 직장인이 난로 위에 주전자를 올려놓고 물을 끓이고 있었습니다. 물이 끓자 주전자 뚜껑이 달그락거렸는데 그 소리가 신경 쓰인 그는 송곳으로 뚜껑에 구멍을 뚫었습니다. 그러자 구멍에서 수증기가 나와 달그락거리지 않게 되었습니다. 그는 서둘러 그 간단한 아이디어로 특허를 출원했습니다. 그 후 주전자 공장과 냄비 공장에서 특허 사용에 대한 요

청이 쇄도했습니다. 구멍이 뚫린 뚜껑은 인기를 끌었고 그는
특허 사용료로 많은 수입을 얻었습니다.

비록 오래전의 사례지만 일상생활에 흩어져 있는 흔한, 그러나
훌륭한 아이디어를 놓치지 않고 자신의 권리로 만들겠다는 강
한 의지를 배울 수 있습니다. 이것은 하나의 예일 뿐 자산을 얻
는 방법은 수도 없이 많습니다. 스마트폰 시대가 열렸을 무렵
스마트폰용 간단한 게임을 제작해 수억 원을 번 개발자도 있었
고, 형광등이 LED로 대체되려는 시대의 변화를 보고 LED를
생산하는 기업에 투자해 수십억 원을 번 사람도 있습니다.
한 투자가는 기술의 대변혁은 최소 5년에 한 번 일어난다고 말
했습니다. 누구라도 관심만 있다면 그 변화를 이용해서 부자가
되는 것도 가능한 일입니다.

어느 체육 교사가 동료 교사와 이야기를 나누던 중 중국 화장
품 시장이 1년에 약 15%나 급성장하고 있다는 말을 들었습
니다. 대화 내용은 그날로 잊어버렸지만, 며칠 후 그는 인터넷
에서 화장품 원료를 생산하며 급성장 중인 회사가 있다는 정보
를 입수했습니다. 그 회사의 실적이 좋았던 이유는 중국에 수
출할 화장품 원료가 주요 생산품이었기 때문입니다.

아직 주가가 뛰지 않았음을 확인한 그는 그 회사 주식에 1억 5,000만 원 정도를 투자했습니다. 2년 후 주가는 4배로 불어나 자산은 총 6억 원이 되었습니다. 이것은 제 지인의 얘기입니다.

여기서 소개한 돈을 버는 사례는 극히 일부에 지나지 않습니다. 돈 버는 방법은 세상에 얼마든지 있고 기회는 누구에게나 찾아오지만, 보통은 '나 따위가 뭐라고……'라며 관심조차 두지 않습니다.

노력이나 능력 부족 탓에 만족스러운 생활을 보내지 못하는 사람도 있겠지만, 대부분 충분히 노력하고 있으며 자신의 전문분야에 관한 능력을 갖추고 있습니다. 부족한 것은 노력과 능력이 아니라 관심과 야망이 아닐까요?

지배계급은 우리가 야망도 용기도 없이 자신에게 주어진 일에 몰두하기를 바랍니다. 자신을 희생하면서 일하는 자세가 옳다고 믿는, 규격화된 인간이 많아질수록 이득을 보는 쪽은 지배계급입니다. 『자본론』을 읽고 이 사회의 구조를 이해하고 눈을 뜬다고 해서 누군가에게 칭찬받을 일은 없겠지만, 적어도 여러분과 그 후손이 미래를 살아가는 데 도움이 될 것입니다.

이 책은 영어판 『자본론』을 참고해 번역했습니다. '초역'이라는 제목은, 개념 이해에 필요한 문장을 발췌하고 복잡한 부분은 간결히 다시 썼다는 의미입니다. 책을 완성하는 데 사이즈샤 출판사 직원분들의 도움이 컸습니다. 깊은 감사를 전합니다.

허 성 준

超譯

마르크스의 말 - 자본론

1판 1쇄 | 2023년 5월 29일
1판 3쇄 | 2024년 12월 9일
지 은 이 | 허 성 준
옮 긴 이 | 김 지 낭
발 행 인 | 김 인 태
발 행 처 | 삼호미디어
등   록 | 1993년 10월 12일 제21-494호
주   소 | 서울특별시 서초구 강남대로 545-21 거림빌딩 4층
            www.samhomedia.com
전   화 | (02)544-9456(영업부) / (02)544-9457(편집기획부)
팩   스 | (02)512-3593

ISBN 978-89-7849-681-0 (03100)